Korfu und die Ionischen Inseln

Konrad Dittrich

Reisen mit Erlebnis-Garantie

MERIAN-TopTen
Was Sie unbedingt sehen sollten

MERIAN-Tipps
Persönliche Empfehlungen
unserer Autoren

MERIAN-Bewertung

Nicht zu übertreffen
Herausragend
Sehr gut

Für Familien
Für Eltern mit Kindern besonders
geeignet

Tourenplaner
Damit Sie leichter ans Ziel kommen

Titelbild
Typische Inseltaverne
(M. Pasdzior)

INHALT

4 **Eine Inselgruppe stellt sich vor**

12 **Hotels und andere Unterkünfte**

15 Alle Unterkünfte auf einen Blick

16 **Essen und Trinken**

22 Essdolmetscher

24 **Sehenswerte Orte**

26 **Korfu**
28 **Korfu-Stadt**
34 Acharávi
36 Achilleion; Ágios Górdis; Alikés; Barbáti
37 Benítzes; Chlomós; Dassiá; Diapontische Inseln
38 Ermónes; Glifáda; Gouviá
39 Ípsos; Kalámi; Kassiópi
40 Kávos; Kontokáli; Mirtiótissa; Moraïtika; Nissáki
41 Paleokastrítsa; Pantokrátor
42 Pélekas; Pérama; Perivóli; Pirgí
43 Róda; Sidári

44 **Ithaka**
45 **Vathí**
46 Fríkes; Kióni
47 Kloster Kathará; Nymphengrotte; Perachóri; Stavrós

48 **Kephaloniá**
49 **Argostóli**
52 Ágios Geórgios; Ágios Gerásimos
54 Ássos; Drongaráti; Fiskárdo
55 Lássi
56 Lixoúri; Melissáni-See; Mírtos; Póros
57 Sámi; Skála

58 **Lefkáda**
59 **Lefkáda-Stadt**
62 Ágios Nikítas; Kap Doukáto
63 Kariá; Kloster Phaneroménis; Meganíssi
64 Nídri
65 Póros; Porto Katsíki; Vassilikí

66 **Páxos**
67 **Gáios**
68 Antípaxos; Lákka
69 Lóngos

70 **Zákynthos**
71 **Zákynthos-Stadt**
74 Alikés
75 Argássi
76 Kerí; Kyanoún-Höhle (Blaue Grotte); Laganás
77 Plános/Tsiliví; Vasilikós; Volímes
78 **Extra:** Sport und Strände
82 **Extra:** Korfu mit Kindern

84 **Routen und Touren**

86 **Mit dem Auto:** Korfus Norden
88 **Mit dem Auto:** Korfus Süden
89 **Mit dem Auto:** Korfus Westküste
90 **Zu Fuß:** Kanóni und Mon Repos
91 **Mit dem Auto:** Kephaloniás Süden
93 **Mit dem Auto:** Kephaloniás Norden
94 **Mit dem Auto:** Inselrundfahrt auf Zákynthos
96 **Mit dem Auto:** Rund um Lefkáda
97 **Mit dem Auto:** Rundfahrt auf Ithaka

98 **Wichtige Informationen**

100 Eine Inselgruppe von A–Z
110 Geschichte auf einen Blick
112 Sprachführer
116 Kartenatlas
124 Orts- und Sachregister
128 Impressum

Karten und Pläne

Die Ionischen Inseln .... Klappe vorne
Korfu-Stadt .... Klappe hinten
Zákynthos-Stadt ..... Klappe hinten
Argostóli .... S. 51
Páxos und Antípaxos .... S. 69
Kartenatlas .... S. 116–123

Die Buchstaben-Zahlen-Kombinationen im Text verweisen auf die Planquadrate der Karten, z. B.
■ B 7, S. 118: im Kartenatlas,
■ e 2: Detailkarte innen bzw. Klappenteil hinten.

Einkaufsbummel in den Straßen von Korfu-Stadt.

Eine Inselgruppe stellt sich vor

Reich beschenkt von der Natur sind Griechenlands westliche Vorposten. Weite Sandstrände, Berge und Tropfsteinhöhlen – kurz: Urlaubsparadiese kann man hier entdecken.

Einer der schönsten Strände Griechenlands: Eine imposante Felskulisse erhebt sich über dem feinsandigen Strand von Pórto Katsíki im Südwesten von Lefkáda.

Nicht nackt und felsig wie die meisten Inseln in der Ägäis, sondern in üppigem Grün präsentieren sich die Ionischen Inseln. Es regnet hier nämlich häufiger als auf dem Festland oder im südlichen Mittelmeer. Charakteristische Bäume sind Olive, Zypresse, Mittelmeerpinie. Dazwischen wachsen Steineiche und Johannesbrotbaum. Stachelige, undurchdringliche Macchia bedeckt die Höhen.

Der Name der Inselgruppe hat nichts mit den Ioniern zu tun, die im 2. Jahrtausend v. Chr. auf dem Balkan lebten und von dort aus Kolonien gründeten. Die Inseln verdanken ihren Namen vielmehr dem Ionischen Meer zwischen der Westküste Griechenlands und dem Osten Unteritaliens.

Woher der Name Ionisches Meer stammt, ist unklar. Er hänge mit dem alten Wort »io« für »dunkel, veilchenfarbig« zusammen, sagen einige und verweisen auf Homer, der das »veilchenfarbige Meer« besang. Kreuzworträtselfreunde kennen Io als Geliebte des Zeus. Hera, Gattin des Göttervaters, kam hinter die Liebelei und verwandelte die junge Io in eine Kuh, die an westlichen Gestaden weidete, die deshalb Ionisch genannt wurden.

Die Griechen nennen die Inseln Eptánisa, was »Sieben Inseln« bedeutet. In Wirklichkeit sind es mehr, weil etliche kleine Eilande, von denen einige sogar bewohnt sind, dazugehören. Diese Kleinen aber werden nicht gezählt, und eine der »klassischen Sieben«, Kíthira oder Kythera, gehört verwaltungsmäßig nicht mehr dazu, weil sie weitab zwischen dem Festland und Kreta liegt. Die sieben Inseln kämpften zu Beginn des 19. Jahrhunderts gemeinsam für die Freiheit und erlangten sie mit europäischer Hilfe als »Republik der Vereinigten Sieben Inseln«. Von Nord nach Süd waren es **Korfu, Páxos, Lefkáda (Léfkas), Kephaloniá, Ithaka, Zákynthos** und **Kíthira**. Die ersten sechs bilden heute die vier Präfekturen Kérkira (Korfu), Kephaloniá, Lefkáda und Zákynthos.

Urlauber aus dem Norden haben zuerst **Korfu** entdeckt. Ganze Küstenabschnitte sind im Sommer fest in britischer, skandinavischer oder deutscher Hand. Man hat hier die Qual der Wahl: Flache Sandstrände im Norden

Urlaubsort seit altersher: Korfu

und Osten sind besonders für Familien mit Kindern geeignet. Im Westen schmiegen sich zwischen felsige Küstenabschnitte landschaftlich reizvolle Strände. Der Süden gehört der Jugend Englands. Insbesondere bei Kávos wird die Nacht zum Tage gemacht.

Tiefe Spuren haben Kultur und Geschichte auf Korfu hinterlassen. Könige und Kaiser kamen zu Besuch, seit der Antike schon, als Nero und Tiberius hier Station machten. In jüngerer Zeit hat nicht nur die griechische Königsfamilie immer wieder ihren Urlaub auf Korfu verbracht. Auch Kaiserin Elisabeth von Österreich, die berühmte Sisi, ließ sich auf Korfu eine Sommerresidenz errichten. Ihr Nachbesitzer war Deutschlands letzter Kaiser, Wilhelm II.

Auf Korfu hängt man aber nicht an der Vergangenheit. Immer wieder lassen sich die Tourismusmanager Neues einfallen. Ein Beispiel ist das »Aqualand«, ein Wasservergnügungspark bei Agios Ioánnis, ein Paradies nicht nur für Kinder.

Korfu wurde im Gegensatz zu anderen Inseln auch während der Blütezeit des Osmanischen Reiches nicht von den Türken eingenommen. Mehrere Belagerungen wurden dank der Hilfe der Republik Venedig abgewehrt. Einmal half sogar ein deutscher General in venezianischen Diensten. In anderen Fällen half der Inselpatron, der hl. Spirldon. Davon sind die Insulaner bis heute überzeugt und nennen ihre Söhne gern nach ihm. Spiros, die Abkürzung von Spiridon, ist der häufigste Männername auf Korfu.

Venedig war von 1386 bis 1797 Schutzmacht Korfus und anderer Ionischer Inseln. In Korfu-Stadt zeugen die großen Festun-

Venedig herrschte 400 Jahre

gen noch heute von dieser Zeit. 1797 bereitete Napoleon der Republik Venedig das Ende. Auch Korfu wurde französisch, wovon die berühmteste Häuserzeile, das Liston an der Esplanade, dem schönsten Platz Griechenlands, zeugt. Dann kamen die Engländer und hinterließen ihre Spuren, vom Königsschloss bis zum Straßennetz, von der Wasserversorgung bis zum Ausbau der Häfen. Vielleicht ist das der Grund, warum auf Korfu die Briten noch immer den größten Besucheranteil stellen. Fast täglich landen in der Saison die Jets aus London, Manchester oder Birmingham. Der Flughafen liegt so dicht an der Stadt, dass man unwillkürlich den Kopf einzieht, wenn die Ferienflieger starten und landen. Natürlich sind auf dem Airport in der Lagune auch deutsche Charterer zu Hause.

Auch die Inseln Zákynthos und Kephaloniá werden per Charter angeflogen. Zákynthos mutet bis heute besonders italienisch an; auch dies ein Überbleibsel aus

Blume des Ostens

venezianischen Tagen. Zante nannten die Italiener die Insel und gaben ihr den Namen »Blume des Ostens«. Prachtvoll muss sie einst gewesen sein, die Inselhauptstadt Zákynthos. Bilder im Museum zeugen davon. Doch nicht etwa der Bauboom der Neuzeit machte der alten Pracht ein Ende, sondern ein schweres Erdbeben im Sommer 1953.

Rund um die nach Osten geöffnete Hafenbucht ist ein neuer Ort entstanden, der nun wieder seinen Charme entfaltet und zum Bummel zwischen den beiden Hauptplätzen, der Platía Dionysíou im Süden und der Platía Solomoú im Norden, einlädt. Auch auf Zákynthos kann man herrliche Urlaubstage verbringen, die weißen Felsen im Norden bewundern oder vorsichtig der Meeresschildkröte Caretta-Caretta im Süden nachspüren. Hier, in der Bucht von Laganás, sind kilometerweite Sandstrände zu finden.

Die schönsten Naturwunder jedoch findet der Besucher auf **Kephaloniá**. Kephaloniá weist nicht nur die höchsten Berge der Ionischen Inseln auf, sondern hat auch sonst einige Besonderheiten zu bieten: Unterwassermühlen, bei denen das Wasser im Inneren der Erde verschwindet, um am anderen Ende der Insel in einer höheren Lage wieder herauszusprudeln. Allerdings hat dieses Phänomen bei besagtem Erdbeben einen Teil seiner Wunderwirkung verloren; ebenso diese genannten »Wandernden Steine« bei Mantzavináta, die jetzt fest im Meer stehen und sich nicht mehr bewegen. Dafür gibt es an den Hängen des höchsten Berges, des 1628 Meter hohen **Énos**, noch immer die dunklen Kephaloniá-Tannen, die nur hier zu finden sind.

Lefkáda: Insel oder nicht?

Mit lieblicher, abwechslungsreicher Natur begrüßt **Lefkáda** seine Besucher. Ob Lefkáda überhaupt eine Insel ist oder »nur« eine Halbinsel, darüber kann man streiten. Fest steht, dass die Insel an ihrem nördlichen Ende einst mit dem gegenüberliegenden Festland verbunden war. Aber schon die alten Korinther und nach ihnen die Römer stachen die Landenge durch, weil es sich im Schutz des Festlandes sicherer segeln ließ. Immer wieder wird der Graben neu ausgehoben. Die Bewohner finden das Inseldasein eben schöner als die Idee, Fortsatz des Festlandes zu sein ... Lefkáda hat keinen eigenen Flugplatz. Allerdings braucht der Bus von der Hauptstadt nur eine knappe halbe Stunde bis zum Airport von **Aktion/Préveza**.

Klein, aber fein: die Insel Ithaka

Die zweitkleinste Insel der Gruppe, die mit den wenigsten Touristen und deshalb noch immer ein Geheimtipp, ist stolz auf ihre große Vergangenheit. Nach Homer hatte hier einer der Helden von Troja, der listenreiche Odysseus, seine Hauptburg. Heinrich Schliemann, der erfolgreiche deutsche (Hobby-)Archäologe, glaubte daran – obwohl er die Burg vergeblich suchte. Sein Schüler Wilhelm Dörpfeld widersprach heftig und suchte auf Lefkáda. Auf Ithaka wird jedoch bis heute weitergegraben; die Archäologen zeigen ihre Fundstücke in einem kleinen Museum in Stavrós. Jeder Inselplan weist Orte aus, die aus Homers »Odyssee« bekannt sind, die Nymphengrotte etwa oder die Quelle der Arethusa.

Eine Inselgruppe stellt sich vor

Oben: Abseits vom Strandtrubel gibt sich Korfus karger Norden ruppig. Der Broterwerb der Bauern ist mühsam.

Mitte: Im grünen, bäuerlichen Hinterland der Insel Korfu gibt es noch immer viele beschauliche Dörfer zu entdecken.

Unten: Der schöne Gérakas-Strand auf Zákynthos liegt im Schildkröten-Schutzgebiet. Als Tierliebhaber sollte man besser auf einen der Nachbarstrände ausweichen.

EINE INSELGRUPPE STELLT SICH VOR

Auf Ithaka sind in jüngster Zeit sehr gute Hotel- und Apartmentanlagen entstanden, zum Beispiel oberhalb der Bucht des Hafen- und Hauptortes **Vathí**. Da die Anreise etwas umständlich ist, hält sich der Touristenstrom in Grenzen, was den Reiz eines Urlaubs auf dieser Insel freilich keineswegs schmälert.

Urlaub in ursprünglicher Natur

Páxos, die kleinste der Ionischen Inseln, wird inzwischen sogar von Fähren aus Italien angelaufen. Ein neuer Anleger beim Hauptort **Gáios** macht es möglich. Trotzdem ist auch diese Insel nach wie vor etwas für Individualisten. Wer absolute Einsamkeit sucht, kann sich von Páxos aus zur kleinen Schwesterinsel **Antípaxos** übersetzen lassen, um hier eine Weile mit der Natur und einigen freundlichen Weinbauern und ihren Familien zu leben.

Die erwähnten sechs Eilande bilden vier der 51 Präfekturen Griechenlands. Historisch gesehen gehört auch **Kíthira** (**Kythera**) zu der Inselgruppe. Sie liegt südlich des Peloponnes, zwischen dem Festland und Kreta, und ist von den übrigen Ionischen Inseln aus nicht zu erreichen. Man muss ein kleines Flugzeug von Athen aus nehmen oder die Fähre im Süden. Tragflächenboote aus Monemvásia oder Neápolis auf dem Peloponnes laufen den nördlichen Hafen Agía Pelagía an, während die Fähre von Gythion nach Kreta in Kapsáli im Süden Kíthiras anlegt. Auf der kleinen, nur 285 Quadratkilometer großen Insel muss man sich auf eigene Faust eine Unterkunft suchen, was außerhalb der Hauptsaison kein Problem ist.

Welche Insel man auch wählt – alle verleiten zur Inselmania, der Sucht, Inseln »sammeln« zu wollen. Aber dies ist eine der wenigen Krankheiten, von der die Betroffenen nicht geheilt werden wollen. Sollten Sie sich auf den Ionischen Inseln »infizieren«, dürfen Sie sicher sein, dass die Inselbewohner Sie überall freundlich aufnehmen und willkommen heißen werden.

> ❗ **MERIAN-Lesetipp**
>
> Der englische Autor Lawrence Durrell, dessen geistige Heimat die Mittelmeerländer waren, hat eine Reihe sehr schöner Inselbücher geschrieben. Dazu gehört der Band **Schwarze Oliven**, ein Klassiker mit dem Untertitel »Korfu – Insel der Phäaken«. Durrell erläutert Sitten und Gebräuche der Insulaner, charakterisiert seine griechischen Freunde in faszinierender Detailfreudigkeit. Ebenfalls auf Korfu beginnt ein Roman des amerikanischen Autors Henry Miller, eines Freundes von Lawrence Durrell: **Der Koloss von Maroussi** (beide rororo).

Der Bilderbuchstrand von Mírtos (→ S. 56).

Eine Inselgruppe stellt sich vor

Hotels und andere Unterkünfte

Inselferien erfreuen sich steigender Beliebtheit. Deshalb gibt es mittlerweile auf allen Ionischen Inseln Hotels verschiedener Preiskategorien und dazu viele Privatzimmer.

Der terrassenförmige Hotelkomplex Ermónes Beach verwöhnt seine Gäste mit einer fantastischen Aussicht aufs Meer (→ S. 38).

HOTELS UND ANDERE UNTERKÜNFTE

Die meisten Urlauber kommen als Pauschaltouristen. Wer auf eigene Faust reist, sollte wissen, dass griechische Hotels und Privatzimmer nicht nach Sternen, sondern nach Kategorien eingeteilt sind: Kategorie L (wie Luxus) entspricht in etwa fünf Sternen, Kategorie A = vier Sterne, Kategorie B = 3 Sterne, Kategoria C (Gamma) = 2 Sterne, Kategorie D = 1 Stern.

Grundsätzlich gilt der Preis für das Zimmer, nicht pro Person, wobei überwiegend Doppelzimmer angeboten werden. Für ein Kind kann ein zusätzliches Bett aufgestellt werden. Wer nur eine Nacht bleibt, zahlt meist einen Aufschlag, wer eine Woche oder länger bleibt, kann Ermäßigung aushandeln. Das Frühstück ist in der Regel nicht im Preis enthalten, im Hotel aber gegen Aufpreis zu haben. Als Sicherheit wird der Pass einbehalten. Die Zimmer sind in der Regel zweckmäßig ausgestattet und nur für den Sommer gedacht, ohne Heizung. **Behindertengerecht** wurde bisher kaum gebaut. Neue teure Hotelanlagen haben größere Fahrstühle. Damit hat sich aber auch. **Hunde** sind in aller Regel nicht willkommen. Sie lebten, wie auch Katzen, bis vor kurzem wild und wurden vor Hotels oder Restaurants verjagt. Wer einen Vierbeiner mitnehmen will, sollte unbedingt vorher fragen.

Zimmerreservierungen nehmen die örtlichen Reisebüros auch für andere Inseln vor. Wer sichergehen will, sollte diesen Weg wählen. In der Vor- und Nachsaison bereitet es jedoch keine Schwierigkeiten, ohne Reservierung etwas Passendes zu finden. Anders im Juli/August, wenn auch die Griechen Ferien machen. Bei Schwierigkeiten hilft die Touristenpolizei, in kleineren Orten der örtliche Polizeiposten.

Gut ausgestattete **Campingplätze** gibt es auf Korfu, Kephaloniá, Lefkáda, Zákynthos, einen einfachen auf Ithaka. Wildes Zelten ist verboten. Die Preise auf den Campingplätzen variieren nach Ausstattung. Als Faustregel gilt: höchstens 5 € pro Person und Tag, ebenfalls 5 € fürs Zelt und den Wagen.

Auskünfte:
Hellenic Camping Association
Odós Solomoú 102, 10673 Athen;
Tel./Fax 2 10/3 62 15 60

Preisklassen

Die Preise gelten für eine Übernachtung im Doppelzimmer für zwei Personen in der Hauptsaison, in den oberen Kategorien mit Frühstück. Schwankungen von Insel zu Insel und von Hotel zu Hotel sind üblich.
★★★★ ab 130 €
★★★ ab 90 €
★★ ab 60 €
★ ab 40 €

❶ MERIAN-Tipp

Hotel Nostos auf Ithaka 👫
Besonders ruhige Ferien kann man bei einer freundlichen Familie auf Ithaka verleben. In fantastischer Landschaft, vor Bergen im Hintergrund und nur 200 Meter vom zauberhaften kleinen Hafen von Fríkes entfernt, betreibt Andreas Anagnostatos sein kleines Hotel mit Restaurant und Bar. Seine Frau kocht, er kümmert sich um den Einkauf, holt die Gäste ab; die Kinder helfen beim Servieren. Hotel Nostos, Fríkes/Ithaka, Tel. 2 67 40/3 11 00, Fax 3 17 16, 30 Zimmer ★★ ■ C 7, S. 118

HOTELS UND ANDERE UNTERKÜNFTE

Alle in diesem Buch empfohlenen Unterkünfte auf einen Blick

Komforthotels für höhere Ansprüche

Ithaka: Vathí: Captain Yannis Hotel ...... S. 45
Vathí: Odyssey Apartments .... S. 45
Korfu: Acharávi: Ionian Princess .... S. 34
Dassiá: Corfu Chandris M .... S. 37
Dassiá: Dassiá Chandris .... S. 37
Gouviá: Grecotel Corfu Imperial M M ... S. 38
Kontokáli: Kontokáli Bay M .... S. 40
Korfu-Stadt: Corfu Holiday Palace.......... S. 29
Moraitika: Miramare Beach .... S. 40
Lefkáda: Lefkáda-Stadt: Léfkas .... S. 59
Nídri: Porto Galini .... S. 64

Hotels mit Flair/besondere Lage

Ithaka: Fríkes: Nostos .... S. 14
Kephaloniá: Argostóli: Olga M .... S. 49
Fiskárdo: Nicholas .... S. 55
Lássi: White Rocks .... S. 55
Póros: Poros Bay M .... S. 57
Korfu: Ágios Górdis: Ágios Górdis M .... S. 36
Alikés: Louis Kérkyra Golf Hotel M .... S. 36
Barbáti: Pantokrator .... S. 36
Benítzes: San Stefano M M .... S. 37
Ermónes: Ermónes Beach M .... S. 38
Korfu-Stadt: Bella Venezia .... S. 29
Korfu-Stadt: Corfu Palace M M .... S. 29
Paleokastrítsa: Akrotiri Beach .... S. 41
Pirgí: Marilena .... S. 43
Páxos: Gáios: Páxos Club .... S. 67
Laganás: Zante Park .... S. 76
Zákynthos: Argássi: Mimoza .... S. 75
Argássi: The Windmill Complex............. S. 75

Zentral gelegene Stadthotels

Kephaloniá: Argostóli: Ionian Plaza ...... S. 49
Argostóli: Mirabel .... S. 49
Argostóli: Mouíkis .... S. 49
Korfu: Korfu-Stadt: Arkadion .... S. 28
Korfu-Stadt: Astron .... S. 28
Korfu-Stadt: Atlantis .... S. 28
Korfu-Stadt: Bella Venezia .... S. 29
Lefkáda: Lefkáda-Stadt: Nirikos .... S. 59
Zákynthos: Zákynthos-Stadt: Diana ...... S. 71
Zákynthos-Stadt: Phoenix...................... S. 71
Zákynthos-Stadt: Strada Marina M .... S. 71

Strandhotels

Kephaloniá: Sámi: Sami Beach .... S. 57
Korfu: Acharávi: Acharávi Beach........... S. 34
Alikés: Sunset .... S. 36
Gouviá: Louis Corcyra Beach .... S. 38
Ípsos: Mega .... S. 39
Moraitika: Delfinia Hotels M .... S. 40
Nissáki: Nissáki Beach .... S. 41
Paleokastrítsa: Paleokastrítsa .... S. 41
Pérama: Oasis .... S. 42

Lefkáda: Ágios Nikítas: Odyssea .... S. 62
Nídri: Nidri Beach .... S. 64
Páxos: Gáios: Páxos Beach.................... S. 67
Zákynthos: Alikés: Montreal................. S. 74
Argássi: Chrysi Akti .... S. 75
Argássi: Paradise Beach .... S. 75
Laganás: Louis Zante Beach .... S. 76
Plános/Tsiliví: Anetis .... S. 77
Plános/Tsiliví: Phoenix Beach................. S. 77

Einfachere Hotels

Ithaka: Vathí: Mentor .... S. 45
Vathí: Odysseus .... S. 45
Kephaloniá: Argostóli: Tourist .... S. 49
Ássos: Apartments Linardos .... S. 54
Ássos: Anthis Dreams .... S. 55
Ássos: Kiki .... S. 55
Sámi: Perikles .... S. 57
Skála: Star Light Hotel .... S. 57
Korfu: Ágios Górdis:
 Pension Chrysses Folies....................... S. 36
Gouviá: Galaxias .... S. 38
Ípsos: Jason .... S. 39
Kassiópi: Oasis .... S. 39
Kávos: Kávos .... S. 40
Kontokáli: Rozina.................................. S. 40
Korfu-Stadt: Arion .... S. 28
Korfu-Stadt: Ionion .... S. 29
Pérama: Frini .... S. 42
Róda: Afroditi .... S. 43
Róda: Roda Inn .... S. 43
Sidári: Mimosa .... S. 43
Lefkáda: Ágios Nikítas: Ágios Nikítas .... S. 62
Ágios Nikítas: Nefeli .... S. 62
Kariá: Kariá Village .... S. 63
Lefkáda-Stadt: Byzantino .... S. 59
Lefkáda-Stadt: Santa Maura .... S. 59
Meganíssi: Meganíssi .... S. 63
Vassilikí: Apollo .... S. 65
Zákynthos: Alikés: Asteria .... S. 74
Argássi: Argassi Beach .... S. 75
Kerí: Caterina Studios .... S. 76
Kerí: Pigí Irodótou................................. S. 76
Laganás: Panorama .... S. 76
Plános/Tsiliví: Filoxenia .... S. 77
Zákynthos-Stadt: Aegli .... S. 71

Campingplätze

Ithaka: Vathí: Camping Cadina .... S. 45
Kephaloniá: Argostóli: Camping Argostóli S. 49
Sámi: Camping Karavómilos .... S. 57
Korfu: Ípsos: Camping Ideal .... S. 39
Pirgí: Camping Paradiso........................ S. 43
Róda: Camping Roda Beach .... S. 43
Lefkáda: Lefkáda-Stadt:
 Camping Kariótes-Beach .... S. 59
Vassilikí: Camping Vassilikí Beach......... S. 65
Zákynthos: Alikés: Camping Papagos.... S. 75

Essen und Trinken
Mit Leib und Seele genießen:
Unterm Sternenhimmel am Meer schmecken Tsatsíki, Moussakà und Gíros viel besser als beim »Griechen« zu Hause.

Venezianisch geprägt ist die Architektur auf Korfus Esplanade. Bis weit nach Mitternacht werden hier Getränke und kleine Speisen serviert.

Essen und Trinken

Essgewohnheiten im Süden unterscheiden sich von denen bei uns erheblich. Die Hauptmahlzeit wird am Abend eingenommen, für unsere Verhältnisse bis »kurz vor Mitternacht«. Griechen kommen spät ins Lokal, essen langsam, bestellen immer wieder etwas hinzu. Auch Getränke werden nach und nach bestellt. Oft sieht man drei Personen mit einer Flasche Bier und drei Gläsern. Es bleibt natürlich nicht bei einer Flasche – aber das nächste Bier wird wieder kalt serviert, das ist der Vorteil. Genauso bestellt nicht jeder am Tisch einen Salat. Gerichte gehören in die Mitte, jeder bedient sich.

Griechische Essgewohnheiten

Morgens trinkt der Grieche einen kleinen Kaffee, isst vielleicht ein Stück Zwieback. Er ist noch vom Abend gesättigt. Dem ersten Kaffee folgen im Laufe des Vormittags weitere. Das griechische Hotelfrühstück war früher dementsprechend spärlich. Inzwischen bieten viele Häuser ein ausgiebiges Frühstück, und der Tag kann mit einem großen Buffet beginnen. Wer ein Zimmer ohne Frühstück hat, findet überall Möglichkeiten, satt zu werden, von »Continental« bis »Full English Breakfast«. Morgens vor 8 Uhr etwas essen zu wollen kann in Touristenorten schwierig sein. Da man im Süden spät ins Bett geht, beginnt das Leben entsprechend später.

Auch am Mittag wird nur eine Kleinigkeit gegessen. Vom »Griechen« in Deutschland kennt man den Bauernsalat, in seinem Herkunftsland oft »Greek Salad« genannt: Tomaten, Gurken, Paprika, Zwiebeln, Oliven und Schafskäse, mit einer Marinade übergossen. Man kann auch einen Tomatensalat genießen, weil die Tomaten hier noch nach Tomaten schmecken. Gemüsegerichte sind leicht verdaulich. Kurzgebratenes wird **tis oras** genannt und meint alles, was gegrillt werden kann. Mittagessen bekommt man ab 12 Uhr und dann bis in den Nachmittag. Giros in Fladen (Giros-Pitta) gibt es an Imbissständen von mittags an bis Mitternacht.

Die Hauptmahlzeit ist das Abendessen. Erst am Abend setzt man sich, um ausführlich zu speisen. Das mag ungesund sein, doch in der Hitze des südländischen Sommers kommt tagsüber einfach kein rechter Appetit auf. Das Abendessen beginnt also in Griechenland nicht vor 22 Uhr. Die Wirte wissen inzwischen, dass das den Urlaubern zu spät ist. Man blamiert sich deshalb nicht mehr, wenn man ab 19 Uhr ein Lokal ansteuert oder Speisekarten studiert. Die Restaurants haben ohnehin keine festen Öffnungszeiten. Sie warten in der Saison täglich bis weit nach Mitternacht auf Gäste. Schließlich muss in wenigen Monaten das Geld fürs ganze Jahr verdient werden.

Wenn man in einer Taverne Platz nimmt, wird der Tisch mit einem Papiertuch neu gedeckt. Dann bringt der Kellner – in vielen Fällen helfen Kinder des Wirts, die während der Sommermonate schulfrei haben – unaufgefordert einen Korb mit Brot. Früher stellte man ebenso selbstverständlich Wasser dazu, denn Brot und Wasser gehören zu jedem griechischen Essen. Für das Brot steht später ein kleiner Betrag, ein bis zwei Euro, auf der Rechnung. Wasser muss mittlerweile extra bestellt werden. Es wird in großen oder kleinen Plastikflaschen auf den Tisch gestellt. In ländlichen Gegenden kommt es unter Umständen noch aus dem Dorfbrunnen.

ESSEN UND TRINKEN

Alles, was bei Tisch geordert wird, geht in eine Rechnung ein. Wer zusammen isst, gehört zusammen. Getrennt bezahlen war bis vor einigen Jahren völlig unbekannt, wird inzwischen bezeichnenderweise »die deutsche Art« genannt. Griechen streiten sich sogar darum, wer für die Gruppe zahlen darf. Ein Trinkgeld sollte nicht fehlen. Falls die Kinder geholfen haben, ist es ihr Taschengeld.

Fisch ist teuer

Bei der abendlichen Hauptmahlzeit isst man Fleisch- oder Fischgerichte, dazu auch vieles aus Feld und Garten. Fischgerichte sind allerdings mittlerweile recht teuer, weil die Fänge klein geworden sind. Große Restaurants lassen Fisch bereits gefroren aus Nordeuropa einfliegen. Bei Fisch ist in der Speisekarte oft der Kilopreis angegeben. Der Wirt wiegt das Stück Fisch am Tisch ab, um zu zeigen, wie der Preis zustande kommt.

Abends gehört die Umgebung dazu. Restaurants liegen an schönen Stränden, oft am Wasser oder zumindest mit Meeresblick. Wer es billiger haben will, geht in die »zweite oder dritte Reihe«, also in Parallelstraßen im Hinterland.

Ein Blick in den Kochtopf

Die Speisekarten vieler Restaurants enthalten Gerichte, die auch bei uns zu finden sind, von der Pizza bis zum Schnitzel. Im Urlaub sollte man natürlich nicht nur bekannte Speisen bestellen. In vielen Tavernen kann man in die Küche gehen und nachsehen, was in den großen Töpfen und Tiegeln bruzzelt. Die Gerichte werden tagsüber vorbereitet und dann warm gehalten, lauwarm serviert.

Das schockiert vor allem die Engländer, die es gewohnt sind, von angewärmten Tellern heiße Speisen zu essen. Bei Tagestemperaturen zwischen 30 und 40 Grad ist das in Griechenland jedoch schlichtweg nicht üblich.

Oft hört man bei der Bestellung die Antwort »finished«, also: nicht mehr vorhanden. Das hängt mit griechischer Organisation zusammen. Auf der Speisekarte, die übrigens erst geführt wird, seit Fremde sie verlangen, steht alles, was man eventuell hat, aber nicht jeden Tag kocht. Eine Tavernenbesitzerin antwortet auf den Wunsch nach der Karte vielleicht: »No card, only speak« – sie will dem Gast damit sagen: Eine Speisekarte habe ich nicht, aber ich erzähle euch, was ich heute gekocht habe.

Es gibt gehobene Restaurants und einfache Tavernen. Doch man kann eigentlich sicher sein, wo Griechen essen, ist die Qualität fast ausnahmslos gut. Griechen achten übrigens, wenn sie gemeinsam essen, nicht auf den Cent. Im Gegenteil: Sie wollen zeigen, was sie sich leisten können. Für die »eilige Jugend« haben sich inzwischen allerdings auch internationale Fastfood-Ketten niedergelassen. Aber das ist für den echten Griechen kein Essen – und also kein Leben. Hunde mit ins Restaurant zu nehmen ist nicht gestattet; es sei denn auf der Straße unterm Tisch.

Ouzo mit Unterlage

In einer traditionellen Ouzeri gibt es nicht nur Ouzo, den bekannten Anisschnaps, der sowohl pur als auch verdünnt mit Wasser oder Eis getrunken wird, sondern dazu auch allerei Kleinigkeiten, von denen man schon satt werden kann. Diese Art griechischer Gastlichkeit ist zwar in

ESSEN UND TRINKEN

Touristenorten kaum noch zu finden. Aber da, wo Griechen in der Mehrzahl sind, gehört die Ouzerí dazu wie das Kafeníon. Doch auch wer anderswo einen Ouzo bestellt, bekommt in aller Regel nicht nur das Getränk, sondern ein paar Häppchen dazu, zumindest ein Tellerchen mit Nüssen.

Das hat einen tiefen Grund: Alkoholische Getränke wurden im Altertum ausschließlich zur Mahlzeit gereicht; seinerzeit übrigens nie unverdünnt. Die Erdnüsse deuten die Mahlzeit immerhin noch an – so dass die Götter, falls sie gerade zuschauen, nicht zürnen. Vielfach wird auch der erste Tropfen Wein auf die Erde geschüttet, als Dank an Dionysos, den Gott, der Reben wachsen lässt.

Wein oder Bier?

Zur Mahlzeit kann man eine Flasche Wein trinken. Regionale Weine gibt es in guter Qualität. Man kann auch nach Wein vom Fass fragen. Dieser Wein ist nicht nur billiger; er enthält weniger Chemie. Allerdings kann der Weiße vom Fass lauwarm sein. Das wäre bei uns unmöglich, gehört in der Hitze und Stimmung des griechischen Sommers dazu. Den meisten Gästen schmeckt hier sogar Retsina, den manche als »Wein mit Terpentingeschmack« bezeichnen. Terpentin enthält der Retsina sicher nicht, aber Baumharz, das ihm früher als Konservierungsmittel beigegeben wurde.

Wein ist bei vielen Griechen inzwischen vom Bier verdrängt worden, das meist in Halbliterflaschen serviert wird. Bier vom Fass setzt sich langsam durch. Meistens handelt es sich um Lizenzabfüllungen bekannter Sorten, vom Löwenbräu bis Tuborg. Bis Mitte der achtziger Jahre gab es das griechische »Fix«, das inzwischen vom Markt verschwunden ist. Hinter seinem Namen verbirgt sich eine interessante Geschichte: Als Griechenland nach der Türkenherrschaft 1830 frei wurde, bekamen die Hellenen einen Bayernprinzen zum König Otto, der Sohn König Ludwigs I., brachte seinen Braumeister mit, der auf den Namen Fuchs hörte. Da die Griechen unser »u« als »i« sprechen und den Namen des Brauers auf sein Produkt übertrugen, hieß das Bier eben »Fix« ... Seit kurzem gibt es wieder griechische Biere: Das »Mythos« oder »Alpha« sollten Sie ruhig probieren.

Restaurants sind bei den einzelnen Orten im Kapitel »Sehenswerte Orte« beschrieben.

Preisklassen

Die Preise beziehen sich jeweils auf ein Hauptgericht mit Salat ohne Getränke, Steuern und Trinkgeld.
★★★★ ab 20 €
★★★ ab 15 €
★★ ab 10 €
★ ab 8 €

Eines der zahlreichen Straßenrestaurants in Korfu-Stadt.

ESSEN UND TRINKEN

Essdolmetscher

Wichtige Redewendungen
→ S. 115

A
angúrja saláta (αγγούριασαλάτα): Gurkensalat
arnáki (αρνάκι): Lamm
– *fassolákja (αρνάκι φασολάκια):* Lammfleisch mit grünen Bohnen
arní (αρνί): Hammel
– *patátes (αρνί πατατες):* Hammel mit Kartoffeln
– *piláfi (αρνί πιλάφι):* Hammel mit Reis
arsinósalata (αρσινόσαλατα): Seeigel-Salat
áspro krassí (άσπρο κρασί): Weißwein
awgó, awgá (αυγό, αυγά): Ei, Eier

B
bakaljáros (μπακαλιάρος): gekochter Stockfisch
baklavás (μπακλαβάς): Nachtisch aus Blätterteig mit Nüssen, Mandeln, Pistazien und Honig
bamjés (μπαμιές): Okra-Schoten
barbúnia (μπαρμπούνια): Rotbarben
brisóla (μπρισόλα): Kotelett (Rind oder Schwein)

C
chirinó (χοιρινό): Schwein
choriátiki (χωριάτικη): Bauernsalat mit Schafskäse
chórta (χόρτα): grüne Kräuter

D
diáfora orektiká (διάφορα ορεκτικά): gemischte Vorspeisen
dolmádes (ντολμάδες): mit Reis und Hackfleisch gefüllte Weinblätter
domatósupa (ντοματόσουπα): Tomatensuppe
dsadsíki (τζατζίκι): Joghurt mit geriebener Gurke, Knoblauch, Zwiebeln und Olivenöl

E
eljés (ελιές): Oliven
entrádes (εντράδες): Eintopf- und Fertiggerichte

F
fassoláda (φασολάδα): Bohnensuppe
fassólja (φασόλια): Bohnen
féta (φέτα): weißer Schafkäse

G
gála (γάλα): Milch
gíros (yigos): Geschnetzeltes vom Drehspieß
gliká (γλυκά): Süßspeisen
glóssa (γλώσσα): Seezunge

I/J
Jaúrti anjeládos (γιαουρτι αγγελάδος): Joghurt aus Kuhmilch
– *prówjo (πρόβειο):* Joghurt aus Schafsmilch
jemistés (γεμιστές): gefüllte Tomaten und Paprikaschoten

K
kafés (καφές): griechischer Kaffee
– *glikó (γλυκό):* süß
– *métrio (μέτριο):* leicht gesüßt
– *skétto (σκέττο):* ungesüßt
kalamarákja (καλαμαράκια): Tintenfische
karpúsi (καρπούσι): Wassermelone
kefalotíri (κεφαλοτύρι): Hartkäse
keftédes (κεφτέδες): Hackfleischkugeln
kokkinistó (κοκκινιστό): geschmort
kokorédsi (κοκορέτσι): am Spieß gegrillte Innereien
kotópulo (κοτόπουλο): Huhn
krassí (κρασί): Wein
kréas (κρέας): Fleisch

L
lachanikó (λαχανικό): Gemüse
láchanosaláta (λαχανοσαλάτα): Krautsalat
ládi (λάδι): Öl
laderá (λαδερά): Ölgebackenes
lemóni (λεμόνι): Zitrone

ESSDOLMETSCHER

M
manúri (μανούρι): Schafkäse
marides (μαρίδες): Sardellen
máwro krassí (μαύρο κρασί): Rotwein
meli (μέλι): Honig
melidsánes (μελιτζάνες): Auberginen
melidsánosaláta (μελιτζάνοσαλάτα): kaltes Auberginenpürree
mesé (μεσέ): kalte und warme Vorspeisen
metallikó neró (μεταλλικό νερό): Mineralwasser ohne Kohlensäure
mídja (μύδια): Muscheln
mosschári (μοσχάρι): Kalb
moussakás (μουσακάς): Auberginenauflauf mit Hackfleisch, Kartoffeln und einer Béchamel-Sauce

N
neró (νερό): Wasser
nescafé (νεσκαφέ): Instant-Kaffee
– *frappé (φραππέ):* kalt
– *sestó (ζεστό):* heiß

P
païdákja (παϊδάκια): Lammkoteletts
– *s'cháras (υχάρας):* gegrillte Lammkoteletts
pastítsio (παστίτσο): aus Nudeln, Hackfleisch und Tomaten geschichteter Auflauf
patátes (πατάτες): Kartoffeln
– *tiganités (τηγανιτές):* Pommes frites
pepóni (πεπόνι): Honigmelone
piláfi (πιλάφι): Reis
potá (ποτά): Getränke
psári, psárja (ψάρι, ψάρια): Fisch, Fische
psitó (ψητό): gebraten
psomí (ψωμί): Brot

R
rakí (ρακί): Tresterschnaps
rénga (ρέγγα): Hering
retsína (ρετσίνα): geharzter Wein
rísi (ρύζι): Reis
rodákina (ροδάκινα): Pfirsiche

S
saganáki (σαγανάκι): gegrillter Schafkäse
saláta (σαλάτα): Salat
saláta choriátiki (σαλάτα χωριάτικη): Bauernsalat (»Greek salat«)
sáltsa (σάλτσα): Soße
sardélles (σαρδέλλες): eingelegte Sardellen, kalte Vorspeisen
síka (σύκα): Feigen
sikóti (σηκότι): Leber (ist immer durchgebraten)
simariká (ζυμαρικά): Nudel- und Reisgerichte
skumbrí (σκουμπρί): Makrele
sóda (σόδα): Sodawasser
sofríto (σοφρίτο): Rinderschmorbraten in Knoblauchmarinade
spanáki (σπανάκι): Spinat
spetsofái (σπετσοφάι): Wurst/Gemüsegericht
stafília (σταφίλια): Weintrauben
stifádo (στιφάδο): eine Art Gulasch aus Rindfleisch mit Zwiebeln
sti chára (στη χάρα): gegrillt
sudsukákja (σουτζουκάκια): Hackfleischwürstchen in Sauce
súpa awgolémono (σούπα αυγολέμονο): Brühe mit Reis, Eiern und Zitrone
suwlákja (σουβλάκια): Schweinefleischspießchen

T
taramosaláta (ταραμοσαλάτα): Fischrogenpüree
tirjá (τυριά): Käse
tirópites (τυρόπιτες): Blätterteig mit Schafskäsefüllung
tónnos (τόννος): Tunfisch
tsai (τσάϊ): Tee

W
waréli (βαρέλι): Fass
– *apó waréli (από βαρέλι):* vom Fass (Bier, Wein)
wodíno (βωδίνο): Rind
wútiro (βούτυρο): Butter

Sehenswerte Orte

Verträumte Fischerdörfer, abgelegene Bergorte, lebhafte Strände, Buchten zwischen schroffen Felsen und Naturwunder machen den Reiz der Ionischen Inseln aus.

Viele tausend Lichter beleuchten abends den idyllischen Hafen von Zákynthos.

Korfu

Lebhafte Badeorte, ruhige Dörfer und eine Hauptstadt mit einzigartigem Flair erwarten den Gast auf Korfu. Die schöne grüne Insel hat ihre Besucher immer schon verzaubert.

Korfu

100 000 Einwohner
Karte → S. 116 / 117

Die erste Siedlung errichteten im Jahre 734 v. Chr. die Korinther in der Nähe der heutigen Hauptstadt. Später benutzten die Römer die Insel als Station auf dem Weg zu ihren östlichen Provinzen. Mehrere Kaiser haben Korfu besucht: Nero, Tiberius, Hadrian. Die Venezianer setzten sich nach den Kreuzzügen auf Korfu fest, bauten die Insel während ihrer Herrschaft vom Ende des 14. bis zum Ende des 18. Jh. zu einem Bollwerk gegen die Türken aus. Bei der letzten Belagerung der Türken im Jahre 1716 mischte sogar ein deutscher General mit: Matthias von der Schulenburg verteidigte die Insel im Auftrag Venedigs erfolgreich. Sein Denkmal steht auf der Esplanade der Hauptstadt.

Seit 1864 gehört Korfu zum griechischen Staat, war während der Monarchie Urlaubsinsel der griechischen Königsfamilie, die hier Kaiserin Elisabeth von Österreich und später Kaiser Wilhelm II. begrüßte, die ebenfalls zur Erholung kamen.

Korfu hat schon in vorgeschichtlicher Zeit berühmte Besucher empfangen. Dazu zählte auch Odysseus, dessen Trick mit dem hölzernen Pferd den Griechen vor Troja zum Sieg verholfen hatte. Homer schildert seine späteren Abenteuer: Königstochter Nausikaa fand den gestrandeten Irrfahrer an Korfus Ufern. Ihr Vater, König der Phäaken, rüstete ihm ein Schiff aus, das ihn zu seiner Heimatinsel Ithaka zurückgeleitete. Meeresgott Poseidon, ein ausgemachter Feind Odysseus, war darüber so empört, dass er das heimkehrende Phäakenschiff in einen Steinblock verwandelte, wie er heute an mehreren Stellen Korfus gezeigt wird.

Schon beim Anflug auf die Insel erblickt man Korfu als Sinfonie in Grün. Den Grundton gibt das silbrige Graugrün der Olivenhaine an; dazwischen ragen schwarzgrüne Zypressen auf, wiegt der Wind hellgrünes Weinlaub. Kahl überragt der höchste Berg, der **Pantokrátor**, den Norden.

Viele Olivenhaine stammen aus venezianischer Zeit. Die Republik zahlte für jede neue Pflanzung in barer Münze – mehr als vier Millionen Bäume sind das Resultat. Olivenöl und andere landwirtschaftliche Produkte bildeten jahrhundertelang das Rückgrat der Wirtschaft. In neuerer Zeit hat sich der Tourismus an die erste Stelle geschoben. Die Insel mit ihren Stränden und der herrlichen Landschaft bietet beste Voraussetzungen für einen abwechslungsreichen Urlaub.

Sanft abfallende Sand- und Kieselstrände weisen der Norden und Osten auf, auch die Buchten der felsigen Westküste wurden zu attraktiven Urlaubszielen. Mehr als 100 Dörfer laden zu Ausflügen ins Inselinnere ein: Bergdörfer wie **Troumbettas** im Norden oder **Lefkimi** im Süden, Hangorte wie **Sinarádes** und **Pélekas** im Westen oder **Paleokastritsa** an der felsigen Westküste.

KORFU

Oben: Lieferant für Wolle, Milch und Fleisch – Schafe spielen in der Viehwirtschaft der Insel eine wichtige Rolle.

Mitte: Bizarr geformte Klippen, in die sich tief der »Canal d'Amour« einschneidet – die Felsküste bei Sidári auf Korfu ist äußerst reizvoll (→ S. 43).

Unten: Das überaus gepflegte Kloster von Paleokastrítsa ist ein byzantinisches Juwel – ein »Muss« nicht nur für Kunstfreunde (→ S. 41).

Korfu-Stadt ■ D 2–3, S. 117

40 000 Einwohner
Stadtplan → Klappe hinten

Etwa in der Mitte der sichelförmigen Insel liegt, mit Blick nach Osten, Korfu-Stadt, dem griechischen Festland gegenüber. Fast stündlich legen in der Saison die Fährschiffe aus Igoumenítsa im neuen Hafen an. Der alte Hafen, der sich nach Süden anschließt, bietet Anlegemöglichkeiten und Liegeplätze für Ausflugsboote und Yachten.

Die Venezianer legten den Grundstein für dieses einzigartige Städtchen. Ein bisschen Paris bauten die Franzosen dazu, und die Engländer motzten es mit ihrem bombastischen Kolonialstil auf. Die Insel stiftete das Grün für die britischen Parkanlagen. Da blieben den Griechen nur noch die Kirchen.

Das Herz von Korfu-Stadt bildet das **Cambiello-Viertel** aus venezianischer Zeit. Zwar sind die Wohnviertel längst über dieses Zentrum hinausgewachsen. Aber auch die Korfioten gehen zum Bummeln gern auf die Esplanade, durchstreifen die von vier- und fünfstöckigen Häusern gesäumten Gassen.

An vielen Häusern hat die Zeit ihre Spuren hinterlassen. Da der Platz zwischen den Stadtmauern begrenzt war, stehen die Gebäude dicht an dicht. Platz für Hinterhöfe ist nicht vorhanden, so dass die Wäsche an Leinen zwischen den Häusern flattert wie in mancher süditalienischen Stadt.

Jeder Besucher, der sich mit Hilfe eines Stadtplans zu einer bestimmten Gasse aufmacht, wird das Vorhaben bald aufgeben. Auf den Plänen sind nur wenige Straßen namentlich bezeichnet, zudem ist das Gewirr so unübersichtlich, dass man sich – mit oder ohne Plan – garantiert verläuft. Das ist freilich kein Beinbruch. Nach irgendeiner Kreuzung hat man plötzlich wieder Meerblick – und dadurch Orientierung. Gerade beim ziellosen Umherstreifen entdeckt man manches kleine Café, das, hätte es eine »richtige« Adresse, weitaus schwieriger zu finden wäre.

Zwei prachtvolle Plätze laden zum Ausruhen ein. Das eine ist die berühmte **Esplanade**, die man einmal umrunden sollte, vorbei an Denkmälern und Gebäuden, die Geschichte atmen. Wenn man nur lange genug wartet, sagen die Einheimischen, trifft man jeden Korfioten früher oder später hier in einem der Straßencafés. Der andere Platz liegt, blumengeschmückt, versteckter, etwas landeinwärts, zwischen Rathaus und dem einstigen Palast des katholischen Bischofs, in dem sich heute die Hauptstelle der griechischen Nationalbank befindet.

Hotels/andere Unterkünfte

Arion südlich ■ c 3
Etwas abseits am Park »Mon Repos« gelegen, renovierte ältere Gebäude, 200 m zum Stadtbad.
Odós E. Theotoki 5 (Anemomylos); Tel. 2 66 10/3 79 50, Fax 3 89 04; 105 Zimmer ★★

Arkadion ■ d 2
Direkt an der Flaniermeile; ein solide geführtes Haus.
Odós Kapodístriou 44; Tel. 2 66 10/3 76 70, Fax 4 50 87; www.arcadionhotel.com, E-Mail: info@arcadionhotel.com; 50 Zimmer ★★ AmEx VISA

Astron ■ c 1
Zentral am alten Hafen, gepflegt.
Odós Donzelot 15; Tel. 2 66 10/3 95 05. Fax 3 37 08; E-Mail: hotel_astron@hol.gr; 30 Zimmer ★★ VISA

Atlantis ■ a 1
Günstig am Fährhafen gelegen, mit Restaurant und Bar.

Korfu-Stadt

Odós Xen. Stratigou 48; Tel. 2 66 10/3 55 60, Fax 4 64 80; 61 Zimmer ★★ AmEx VISA

Bella Venezia ■ c 3
Gepflegtes Hotel, zentral in einer venezianischen Villa gelegen. Odós Zambeli 4; Tel. 2 66 10/2 07 07, Fax 2 07 08; 30 Zimmer ★★ AmEx DINERS MASTER VISA

Cavalieri M ■ d 3
Nobeladresse in einem venezianischen Palast. Umgeben von alten Möbeln kann man nachts von vergangenen Zeiten träumen und tagsüber den Blick aufs Meer genießen (→ MERIAN-Tipp s. u.). Odós Kapodístriou 4 (Esplanade); Tel. 2 66 10/3 90 41, Fax 3 92 83; E-Mail: info@cavalieri-hotel.com; 50 Zimmer ★★★ AmEx DINERS MASTER VISA

Corfu Holiday Palace südlich ■ d 3
Das ehemalige Hilton befindet sich in einem großen Park im Vorort Kanóni, in Flughafennähe. Restaurants, Bars, Fitnesscenter, Tennisplätze, Pool im Park und Hallenbad, Kasino. Tel. 2 66 10/3 65 40, Fax 3 65 51; 274 Zimmer ★★★★ AmEx DINERS MASTER VISA

Corfu Palace M M ■ d 3
Erstes Haus am Platze. Hallenbad, beheizter Außenpool, Sportmöglichkeiten, Restaurants, Bar mit Livemusik. Leofóros Dimokratías 2 (am Anfang der Garítsa-Bucht); Tel. 2 66 10/3 94 85, Fax 3 17 49; www.corfupalace.com, E-Mail: info@corfupalace.com; 106 Zimmer ★★★★ AmEx DINERS MASTER VISA

Ionion ■ a 1
Einfaches Haus, beim Fährhafen, außerhalb der Saison viele Studenten. Odós Xen. Stratigou 46; Tel. 2 66 10/3 99 15, Fax 4 46 90; 81 Zimmer ★

Spaziergang

Wir beginnen unseren Altstadtbummel beim Schloss, gehen links durchs Georgs-Tor. Links am Haus Kapodistriou 120 lesen wir »Etería Kérkyras, 1836«: die Lese-Gesellschaft, die alle Literatur über die Insel sammelt. Rechts, hinter dem Schloss, die Büste von Petros Braila-Armenis, Dichter und Politiker, dessen Grundstück bei Gastoúri Kaiserin Sisi zum Achilleion umbauen ließ. Links, im zweiten Haus vor der Ecke, wurde 1776 Ioannis Kapodistrias geboren, der erste Ministerpräsident des befreiten Griechenland. Rechts blickt man auf die **Alte Festung**, unten am Wasser der Faliraki-Komplex, das Ionische Kulturzentrum mit Gastronomie.

Wir biegen links um die Ecke in die Arseniou-Straße. Jenseits des Wassers erkennt man die Insel Vidós. In der kleinen Grünanlage steht eine Büste von D. Sólomos,

---

❶ MERIAN-Tipp

Korfu aus der Vogelperspektive Eines der traditionsreichsten Hotels, das Cavalieri an der unteren Esplanade, hat über seinen fünf Gäste-Etagen eine Dachterrasse eingerichtet. Ab 18 Uhr kann man den eindrucksvollen Blick über Altstadt, Esplanade und Garítsa-Bucht genießen. Der Dachgarten des venezianischen Palazzo ist für jedermann geöffnet, Getränke und kleine Speisen werden serviert. Hotel Cavalieri, Odós Kapodístriou 4, Tel. 2 66 10/3 90 41, Fax 3 92 83 ★★★ AmEx DINERS EURO VISA
■ d 1

dem Dichter der griechischen Nationalhymne. An Restaurants vorbei kommen wir zum **Byzantinischen Museum** in der Kirche der Panagía Antivouniótissa. Geradeaus vor uns der alte Hafen, oberhalb davon die **Neue Festung**. Vorbei am Hotel Astron sehen wir vor uns das Gerichtshaus mit ionischen Säulen im Obergeschoss. Wir gehen links auf den kleinen Platz zu (neben Donzelot Nr. 27), steigen die Stufen zur **Mitropolis** hinauf, der Hauptkirche (Panagía Spiliótissa). Rechts im Haus Nr. 11 lebte Lord Guilford, der 1823 die Ionische Akademie gründete.

Wir biegen links in die Straße Agía Theodora ein, wenden uns dann nach rechts in die enge Odós Philhellinon mit vielen kleinen Geschäften, gehen die Straße bis zum Ende, stoßen auf das älteste Geschäft der Stadt, das Olivenholzartikel verkauft. Hier müssen wir rechts in die Philarmonikis einbiegen. Bei der nächsten Querstraße teilt ein einzelnes Haus die schmalen Wege gegenüber. Wir wählen die linke Gasse (Odós Michalis Theotóki), gehen geradeaus. An der nächsten Querstraße (Eugeni Voulgaréos) stoßen wir auf die Rückseite des Rathauses, weiter geradeaus folgt der **Rathausplatz**. In der Fassade des Rathauses erkennt man die Symbole der Inseln. Stufen führen zu Cafés unter Bougainvilleen; links die römisch-katholische Kathedrale. An ihr gehen wir entlang, sind nun in der Guilford-Straße, die wir hinaufgehen. An der Ecke der dritten Querstraße, Haus Nr. 57, das deutsche Konsulat. Hier biegen wir nach links in die Eparchou ein. Die »hohle Gasse« führt uns unter zum Trocknen aufgehängter Wäsche zur **Esplanade**, wo wir uns nach links wenden.

Vorbei am Hotel Arkadion weiter entlang der Kapodistrias-Straße, am Ende der Cafés wenden wir uns nach links in die Straße des hl. Spiridon. Der Turm mit roter Haube weist den Weg zur Kirche des Inselpatrons. Wir durchschreiten die Kirche quer und stehen somit auf der Platía Iróon Kipriakoú Agónas mit zwei weiteren Kirchen. Im Haus Nr. 4, rechts (Ionische Bank) das **Papiergeld-Museum**. Die Kirche linker Hand ist der Muttergottes Phaneroménis, die andere Johannes dem Täufer geweiht. Wir biegen links zwischen den beiden Gotteshäusern in die Nikifóros Theotóki ein und gehen geradewegs auf die Esplanade zu.
Dauer: 1 Stunde

Sehenswertes

Esplanade ■ d 2
Der schönste Festsaal Griechenlands unter freiem Himmel: Elegante Cafés und Restaurants, Bauten aus der venezianischen Epoche und der

---

> ### ❶ MERIAN-Tipp
>
> **Alte Festung** In der stattlichen Burg kann man die Zeiten Venedigs, der Briten und der Septinsularen Republik an verschiedenen Bauwerken studieren. Erste Befestigungsanlagen stammen von den Byzantinern (8. Jh.). Venedig baute die Festung aus: Bastionen, der tiefe Graben, das Westtor. Man überquert die Kontrafossa, betritt den ersten Hof. Die Kaserne, auf die man zugeht, ist in britischer Zeit entstanden, ebenso die St. Georg-Kirche im Innenhof. In den Torgebäuden werden Ausstellungen byzantinischer Kunst gezeigt, im Hof finden bisweilen Konzerte statt. Tgl. 8–20 Uhr; Eintritt 4 €, ab 60 Jahre 2 € ■ e 2

KORFU-STADT

 Franzosenzeit, der **Königspalast** (→ S. 31) und die **Alte Festung** (→ MERIAN-Tipp S. 31) bilden ein einzigartiges Ensemble. Auf dem Rasen des Platzes wird Cricket oder Fußball gespielt. Bis Mitternacht herrscht hier Leben.

Kanóni ■ D 3, S. 117

Das Postkartenpanorama von Kanóni auf die Lagune von Korfu gehört zu den meistfotografierten Motiven der Insel. Die Mäuseinsel im Hintergrund, das Kloster der Panagía Vlachérna, die Sicht hinüber auf die Berge zum Sisi-Schloss – all das zusammen verbindet sich zu einem Ensemble stiller Schönheit (→ S. 90).

Kirche Jason und Sosipater

südlich ■ d 3

Im Vorort Anemómylos, am südlichen Ausgang der Garítsa-Bucht, liegt die baugeschichtlich interessanteste Kirche der Insel; sie ist nach den Missionaren Jason und Sosipater benannt. Der Bau dürfte um das Jahr 1000 entstanden sein, errichtet unter Verwendung antiker Steine. Das Gotteshaus gehört zum Typ byzantinischer Kreuzkuppelkirchen und beherbergt Ikonen des kretischen Malers Emanuel Tzanes.
Zweite Parallele zur Uferstraße

Kirche des hl. Spirídon ■ d 1

Die Kirche, von zwei Seiten zu betreten und ständig von Gläubigen besucht, beeindruckt durch wertvolle Deckengemälde, die »Ouraniá«. Das Gotteshaus wurde Ende des 16. Jh. errichtet. Vorn rechts, in einer separaten Kapelle, steht der mit Edelsteinen geschmückte Sarg des hl. Spirídon, dessen Leichnam nicht verwest ist. Meist ist der Deckel geschlossen. Gläubigen wird er geöffnet, damit sie den Glassarg küssen können.

Spirídon war zu Beginn des 4. Jh. Hirte auf Zypern. Als seine Frau jung starb, ging er ins Kloster, wurde schließlich Bischof. Nach seinem Tod wuchsen Rosen aus dem Grab, woraufhin sein unverwester Leichnam ausgegraben wurde. Als die Türken Zypern bedrohten, wurde Spirídon zunächst nach Konstantinopel, von dort im 15. Jh. zusammen mit der hl. Theodora nach Korfu gebracht. Mehrfach, sagen die Gläubigen, habe Spirídon der Bevölkerung geholfen, bei der Belagerung 1716 als weiß gekleidete Figur den Verteidigern Mut gemacht. Viermal jährlich wird Korfus wichtigster Heiliger in einer großen Prozession durch die Straßen getragen (→ S. 104).

Königspalast ■ d 1

Der Königspalast, der Nordriegel der Esplanade (→ S. 30), wurde zwischen 1818 und 1823 nach Plänen von George Whitmore als Residenz der britischen Lord-Hochkommissare errichtet.

Damals vertrat Thomas Maitland Großbritannien; er war zuvor Gouverneur von Malta. Maitland ließ als Baumaterial hellen maltesischen Sandstein nach Korfu schaffen. Die Fassade des Schlosses wurde von einem Schiff gekrönt, dem Symbol der Insel Korfu. Heute sieht man nur noch den Bug; darunter sind die Symbole der übrigen Inseln angebracht.

Vor dem Schloss erhebt sich das Standbild des zweiten Lord-Hochkommissars, Frederick Adam. Er hat die Wasserversorgung der Insel geplant, worauf der Teich zu seinen Füßen hinweist.

Das Schloss beherbergt im Erdgeschoss den großen Saal. Eine breite Treppe führt ins Obergeschoss zu den Staatsräumen: der Rotunda, die als Ballsaal diente, zum Thronsaal und zum Bankettsaal. Im Schloss ist das **Museum für Asiatische Kunst** (→ S. 33) untergebracht, ebenso die Städtische Gemäldegalerie (Pinakothek) (→ S. 33).

Korfu

Menekrates-Grab südlich ■ d 3
In der Nähe der alten Stadt, Paleópolis, wurden einige Grabstätten gefunden. Das einzige Grab, das zur Besichtigung freigegeben ist, wurde nach Menekrates benannt, einem Befehlshaber um 600 v. Chr. Von der Uferpromenade, der Dimokratias-Straße, biegt man beim Obelisken, der für Lord-Hochkommissar Sir Henry Ward errichtet wurde (1849–1855), rechts in die Menekratous-Straße ein. Links neben der Polizeistation erkennt man das Runddach des Grabes. In der Nähe wurde auch einer der Schätze des Archäologischen Museums entdeckt, ein aus Kalkstein gemeißelter Löwe von gut 1 m Länge.

Mitropolis-Kirche ■ c 1
Die Hauptkirche Korfus liegt versteckt an einem kleinen Platz oberhalb des alten Hafens, von dem an der Ecke Donzelot/Zavitsianou Stufen hinaufführen. Der offizielle Name der Bischofskirche, die in heutiger Gestalt 1577 geweiht wurde, lautet Panagía Spiliótissa. In ihrem Innern befinden sich wertvolle Ikonen der Ionischen Schule (Michael Damaskinos, Emanuel Bounialis, Panajotis Paramythiotis). Prachtstück ist eine Muttergottes-Ikone des 15. Jh., von beiden Seiten bemalt. In der Kirche ruhen auch die Reliquien der Kaiserin Theodora, die im Bildersturm eine gemäßigte Position einnahm und der Orthodoxie die Ikonen rettete.

Mon Repos südlich ■ d 3
Das Schlösschen Mon Repos, 3 km vom Stadtzentrum entfernt oberhalb der Garitsa-Bucht gelegen, wurde 1824 als Sommersitz für den britischen Lord-Hochkommissar Frederick Adam errichtet. Nach der Vereinigung der Inseln mit Griechenland diente das Haus der griechischen Königsfamilie als Feriendomizil. Nach Abschaffung der Monarchie 1974 begann ein Streit um das Eigentum; Mon Repos verfiel. Inzwischen ist das Schloss als Museum wieder hergestellt. Gezeigt werden Funde der Umgebung. Im Park hat Dörpfeld Tempelreste gefunden. Dem Eingang zum Park gegenüber erkennt man Ruinen der byzantinischen Kirche Agía Kérkira aus dem 5. Jh. Weitere Ausgrabungen jenseits der Straße, neben dem Parkeingang.
Tgl. 8–18 Uhr; Eintritt zum Park frei, auch noch für das neue Museum

Neue Festung ■ b 1–2
Die Neue Festung, von Venedig ab 1570 angelegt, war lange Zeit gesperrt, da einige Gebäude von der Marine genutzt werden. Sie ist heute wieder zugänglich. Der Weg zur höchsten Spitze führt über Metallstufen. Oben genießt man einen herrlichen Rundblick über den alten Hafen und die Altstadt, die Insel und sogar bis hinüber zum Festland. Die Briten ließen weite Teile der Neuen Festung schleifen.
Tgl. 9–21 Uhr; Eintritt 2 €

Rathausplatz ■ c 2
Der stimmungsvolle Rathausplatz mit Terrassen und Cafés ist nicht so von Menschenmassen belagert wie die Esplanade. An der Ostseite erhebt sich die katholische Bischofskirche von 1665. Den oberen Abschluss des Platzes bildet der ehemalige Palast des katholischen Bischofs, heute die Filiale der Nationalbank.

Das Rathaus aus dem 17. Jh. war ursprünglich ein Gesellschaftshaus des Adels, die »Loggia Nobili«. An seiner Südseite ist die Büste des venezianischen Admirals Francesco Morosini (1619–1694) zu sehen. Die Halle wurde 1720 in ein Theater verwandelt. Als Korfu um 1900 ein eigenes Opernhaus erhielt, wurde die Loggia zum Rathaus.

KORFU-STADT

Museen

Archäologisches Museum ■ c 3
Funde aus Korfus »klassischer« Vergangenheit. Zu den Prunkstücken gehören Reliefs aus dem Artemis-Tempel (590–580 v. Chr.), darunter die 3 m hohe Figur der Gorgo, eine Furcht erregende Frauengestalt, die mit Schlangen gegürtet ist und Schlangen im Haar trägt. Ihre Kinder Pegasos und Chrysaor, von Raubtieren flankiert, stehen neben ihr. An den Giebelenden des einstigen Tempeldreiecks sind Darstellungen einer Gigantenschlacht zu sehen.
Odós Vraila 1; tgl. außer Mo 8.30–15 Uhr; Eintritt 3 €

Byzantinisches Museum ■ d 1
In der alten Kirche Panagía Antivouniótissa sind Ikonen berühmter Maler ausgestellt, dazu Abendmahlsgerät mit der für westliche Christen fremden dreieckigen Lanze, mit der ein Stück aus dem Brotlaib geschnitten, zerkrümelt und mit Wein vermischt den Gläubigen auf einem Löffel gereicht wird. Auch frühe Fresken sind zu sehen.
Odós Arseníou; tgl. außer Mo 8.30–15 Uhr; Eintritt 2 €, Studenten und über 65 J. 1 €

Museum für Asiatische Kunst ■ d 1
Das für Griechenland einmalige Museum beherbergt Sammlungen aus dem Besitz mehrerer Diplomaten mit rund 10 000 Objekten aus China, Japan und Indien: Wandschirme, Tapeten, Malerei, Drucke, Holzschnitzereien, Figuren, Masken, Bronzen, Tongefäße.
Im Königsschloss an der Esplanade; tgl. außer Mo 8.30–15 Uhr; Eintritt 3 €

Papiergeld-Museum ■ c 2
Zu den ältesten Exponaten zählen handgeschriebene Schuldverschreibungen aus Korfu. Erste Banknoten, Inflationsgeld, Geldscheine aus aller Welt, die Herstellung von Banknoten, Informationen über Versuche, Geld fälschungssicher zu machen – hier erfährt man viel Interessantes zum Thema »Mammon«.
Neben Ágios Spirídon, in der Hauptstelle der Ionischen Bank; Mo–Fr 10–14 Uhr; Eintritt frei

Städtische Galerie (Pinakothek)
  ■ d 1
Malerei des 18. bis 20. Jh., häufig Themen des Freiheitskampfes. Dass die Jahrhunderte davor nicht vertreten sind, liegt an der türkischen Herrschaft: Griechische Schulen waren geschlossen, Kunstausübung nicht möglich.
Im Ostflügel des Königsschlosses; tgl. außer Mo 8.30–15 Uhr; Eintritt 1,50 €, Studenten 1 €

Essen und Trinken

Café Yali
Ouzeri und Taverne am alten Fähranleger. Sehr gute Vorspeisen, preiswert.
Patr. Athinagora 6

Chrisi ■ d 2
Auch von Griechen gern besucht. Landestypische Gerichte von guter Qualität, die Preise stimmen.
Ecke Odós Michalis Theotóki/Sebastianoú ★★

Faliráki M ■ d 1
Direkt am Wasser, unterhalb des Schlosses, in einem restaurierten Gebäudekomplex mit Kulturzentrum, serviert man Erlesenes.
★★★

Pizza Pete ■ d 1
Tische mit Blick über die Bucht.
Arseníou 19 ★★

Taverne Yiannis
Gute traditionell zubereitete Speisen, nur abends geöffnet.
Seitengasse bei der Abzweigung nach Kanóni an der Garitsa-Bucht (Odos Jásonas und Sosipater)

Korfu

Einkaufen

Antonis Fokas ■ d 2
Kunsthandwerk in vielerlei Form, darunter Ikonen und Schmuck.
Odós Spirídon 43

Wochenmarkt ■ b 1
Im Graben der Neuen Festung in der Neustadt: Obst, Gemüse, Fisch, Oliven, Haushaltswaren, Wäsche.
Tgl. außer So 8–14 Uhr

Service

Auskunft
Griechische Zentrale für Fremdenverkehr (EOT) ■ c 3
Im Vorort Alikés, an der Nationalstraße nach Paleokastrítsa; Tel. 2 66 10/3 75 20, Fax 3 02 98; E-Mail: eotcorfu@otenet.gr.
Im Sommer soll ein Info-Pavillon an der Esplanade stehen

Medizinische Versorgung
westlich ■ a 1
Hellenic Medical Care Inselweit vertreten, Notdienst 24 Std.
Zentrale Adresse in Korfu-Stadt:
Odós Ethnikís Antistáseos 18;
Tel. 2 66 10/4 82 00
Dr. Yannopapas ■ c 3
Od. Mantzarou 1 (Korfu-Stadt);
Tel. 2 66 10/4 93 50

Notruf
Medizinischer Notruf Tel. 8 82 23
Krankenhaus Tel. 2 66 10/3 05 62
Touristenpolizei Tel. 2 66 10/3 02 65

Verkehrsverbindungen
Blaue Stadtbusse (bedienen auch Badeorte der Ostküste), Abfahrt der meisten Linien am oder Nähe Sanrókko-Platz (b 3), hier auch Auskunft und Tickets (Tel. 2 66 10/3 21 58). Die Fahrscheine müssen im Bus entwertet werden.
Grüne Überlandbusse, Abfahrt KTEL, an der Neuen Festung (b 1), Tel. 2 66 10/3 99 85.

Täglich **Flüge** nach Athen, mehrmals wöchentlich nach Thessaloniki (Olympic Airways Tel. 2 66 10/3 86 94; südlich b 3).
Täglich **Autofähren** nach Igoumenítsa, Patras, Italien; im Sommer Verbindungen mit Nachbarinseln (Hafenbehörde Tel. 2 66 10/3 26 55).

Ziele in der Umgebung

Acharávi 👫 ■ D 1, S. 117

480 Einwohner

Acharávi an der Bucht von Róda beeindruckt durch seinen kilometerlangen seichten Sand- und Kieselstrand, der für Kinder ideal ist. Der Blick reicht bis zu den Felsen bei Sidári im Westen und zum Kap vor Kassiópi im Osten.

Hotels/andere Unterkünfte

Acharávi Beach 👫
300 m vom Zentrum, unmittelbar am Strand. Haupthaus und Bungalows. Mit Pool, Kinderspielplatz, Tennisplatz, Restaurant, Bars.
Tel. 2 66 30/6 31 02, Fax 6 34 61;
78 Zimmer ★★

Ionian Princess
Clubhotel mit Apartments, Restaurant, Pool, Bars, Kinderspielplatz. Nah beim Strand.
Tel. 2 66 30/6 31 10, Fax 6 31 11;
114 Zimmer ★★

Hydropolis
Ein neuer Wasser-Vergnügungspark hat in Acharávi eröffnet. Spiel, Sport und Spaß für die ganze Familie.
Tel. 2 66 30/6 47 00

Service

Verkehrverbindungen
Pendelbusverkehr mehrmals täglich zwischen Korfu-Stadt und Roda mit Stopp in Acharávi.

Oben: Kassiópi ist ein sympathischer Ferienort an einer hübschen Kesselbucht. Von hier aus scheint die albanische Küste zum Greifen nahe (→ S. 39).

Mitte: In der Neuen Festung, einem wuchtigen Relikt aus venezianischen Zeiten im Norden der Stadt, ist heute eine Marineschule untergebracht (→ S. 32).

Unten: Zuckerbäckerschloss mit märchenhaftem Garten ist Sisis Achilleion, das sie nach dem unglückseligen Helden von Troja benannte (→ S. 36).

Achilleion
◼ D 3, S. 117

10 km von Korfu-Stadt entfernt, beim Dorf **Gastoúri**, liegt das Achilleion, das Schlösschen von Kaiserin Elisabeth von Österreich. Es wird als Gedächtnisstätte noch heute liebevoll gepflegt. Sisi erwarb das Grundstück des Dichters und Politikers Bralla-Armenis und ließ ihr »Feenhaus« 1890/91 in neupompejanischem Stil erbauen. Sie benannte den Bau nach Achill, ihrem Lieblingshelden aus der Mythologie. Ein sterbender Achill, eine Marmorfigur des Berliner Bildhauers Ernst Herter, ziert noch heute ein Rondell im herrlichen Park. Gemälde im Treppenhaus und im Saal, der als Kasino diente, erinnern an den Trojanischen Krieg. Nach Sisis Ermordung kaufte Wilhelm II. 1907 das Anwesen und ließ es umgestalten. Den »sterbenden Achill« ließ der deutsche Kaiser am Aussichtsplatz durch eine Kolossalstatue aus Bronze, den »sieghaften Achill«, ersetzen.
Tel. 2 66 10/5 62 10; tgl. 8–19 Uhr; Eintritt 6 €

Ágios Górdis
◼ D 4, S. 117

Eine flach ins Meer auslaufende Sandbucht und grüne Berge als Kulisse im Hintergrund – Ágios Górdis, ein neueres Touristenzentrum, hat landschaftlich viel zu bieten.

Hotels/andere Unterkünfte

Ágios Górdis M
Elegantes Hotel mit Tennisplatz und Pool.
Tel. 2 66 10/5 33 20, Fax 5 22 37; 209 Zimmer ★★★

Pension Chrysses Folies
Nicht unmittelbar am Wasser gelegen, aber sauber und preiswert.
Tel. 2 66 10/5 31 06; 20 Zimmer ★

Alikés
◼ D 2, S. 117

2000 Einwohner

Bei Alikés, an der Mündung des Pótamos, beginnt das Urlaubsgebiet der Nordostküste. Von hier genießt man einen schönen Blick über die weite Bucht und zur Stadt. Im Osten ist die Insel **Vidós** zu erkennen, auf der Franzosen um 1800 ein Fort errichteten, das die Briten beim Abzug zerstörten. Die kleinere Insel nordöstlich, **Lazarétto**, war Quarantänestation und Gefängnis. Nach dem Erdbeben 1953 wurden die zerstörten Gebäude nicht mehr aufgebaut.

Hotels/andere Unterkünfte

Louis Kérkyra Golf Hotel M
Gut ausgestattetes Traditionshaus mit vielfältigen Annehmlichkeiten.
Tel. 2 66 10/2 40 30, Fax 2 40 80; www.louishotels.com, E-Mail: kerkyra@louishotels.com; 240 Zimmer ★★★

Sunset
Direkt am Wasser.
Tel. 2 66 10/4 12 03, Fax 4 13 25; 60 Zimmer ★★

Aqualand
◼ D 3, S. 117

→ MERIAN-Tipp S. 83

Barbáti
◼ D 2, S. 117

Kleiner, schön gelegener Hangort. Von den meisten Hotels muss man zwar etwa 500 m zum Kieselstrand laufen, dafür ist es hier aber deutlich ruhiger als in den Hochburgen.

Hotels/andere Unterkünfte

Pantokrator
Hübsches Haus mit Panoramablick; Pool, Restaurant und Bars.
Tel. 2 66 10/9 10 05, Fax 9 10 04; 100 Zimmer ★★

ACHILLEION – DIAPONTISCHE INSELN

Benítzes ■ D 3, S. 117

1400 Einwohner

Der Ort ist das Zentrum des Sommerurlaubs am südöstlichen Küstenabschnitt. Bis auf die Mitte ist der Strand schmal, aber vielfältig gegliedert, Wassersportmöglichkeiten gibt es zuhauf. In der Ortsmitte mit einer kleinen Parkanlage weist das Schild »Roman Baths« den Weg zu einem kleinen Grabungsgelände mit Resten einer römischen Villa.

Hotels/andere Unterkünfte

San Stefano M M
Bestens ausgestattete Anlage am Hang, Haupthaus und 30 Bungalows, Busservice zum Strand, mehrere Schwimmbäder, Tennis, Tischtennis.
Tel. 2 66 10/7 11 17, Fax 7 11 24; E-Mail: sanstefano@hol.gr; 180 Zimmer ★★★

Museen

Shell Museum
Ein nettes kleines Meeres-Museum mit Sammlungen von Muscheln, Fossilien, Korallen und anderem Seegetier.
An der Hauptstraße; Tel. 2 66 10/7 22 27; tgl. 10–19 Uhr; Eintritt 3 €

Service

Busverkehr
Stündlich Verbindung mit Korfu-Stadt.

Chlomós ■ E 4, S. 117

500 Einwohner

Eines der schönsten geschlossenen Bergdörfer im Süden: Hier findet man noch typisch griechisches Alltagsleben ohne Tourismus. Von der Kirche des hl. Georg sieht man Richtung Lefkími-Strand die alten Salinen.

Dassiá ■ D 2, S. 117

200 Einwohner

Der Kiesel-/Sandstrand ist recht schmal, aber dafür lang, das Angebot für Sport und Freizeit groß. Auf einer kleinen Landzunge am Nordende des Strandes befindet sich der erste auf Korfu gegründete Club Mediterranée. Bunte Fallschirme segeln über der Bucht durch die Lüfte, Wasserskiläufer und Surfer vergnügen sich im Wasser.

Hotels/andere Unterkünfte

Corfu Chandris und
Dassiá Chandris M
Zwei Nobelherbergen direkt am Wasser; jeweils unter demselben Management in Nachbarkomplexen und mit Pool, Restaurants, Tennisplätzen, Tagungsräumen.
Tel. 2 66 10/9 71 00, Fax 9 34 58; www.chandris.gr, E-Mail: corfu@chandris.gr; 301 bzw. 251 Zimmer ★★★

Diapontische Inseln

■ AB 1, S. 116

Erikoússa, Mathráki und **Othóni** nordwestlich von Korfu – das sind die Diapontischen Inseln, auf denen nur einige hundert Menschen leben. Mit Ausflugsbooten von den Küstenorten im Norden erreichbar, gibt es hier gute Tauch- und Fischreviere und vor allem herrlich leere Strände. Privatzimmer bieten einfache Unterkunft. **Erikoússa** hat sogar ein Hotel (Erikoússa, Tel. 0 66 30/7 15 55, 20 Zimmer ★★); es liegt an der weiten Hafenbucht, an der auch etliche Tavernen auf Gäste warten. Der einzige Inselort Porto liegt im Süden. Ein Fußweg führt über die Insel zum Nordstrand Pragíni.

  Mathráki, die kleinste der Diapontischen Inseln, hat zwei Dörfer, Ano und Kato Mathráki, und ist nur 5 km von

Korfu entfernt. Schöne Strände breiten sich zwischen Klippen und Riffs aus.

Othóni ist der westlichste Zipfel Griechenlands – die Insel der Nymphe Kalypso, die den irrfahrenden Odysseus sieben Jahre lang an sich gefesselt haben soll. Ihre Grotte ist per Boot erreichbar. Am Hafen reihen sich einige gute Fischtavernen. Boote legen in Ammos an, einer Bucht mit schönem Strand.

Ermónes ■ C 3, S. 116

Die schöne Bucht liegt im Westen der Insel; der Sand-/Kieselstrand schmiegt sich ins grüne hügelige Land. Sportmöglichkeiten gibt es viele – vom Surfen bis zum Tretboot, und knapp 2 km entfernt im Ropa-Tal gibt es einen 18-Loch-Golfplatz. Hinter dem Kap in südlicher Richtung, zwischen Ermónes und Glifáda, schließt sich der Traumstrand von Mirtiótissa an (→ S. 40).

Hotels/andere Unterkünfte

Ermónes Beach M
Das komfortable Haus bietet Tischtennis, Tennis und einen Shuttle-Bus zum Golfplatz. Auch Bungalows.
Tel. 2 66 10/9 42 41, 9 42 48; 272 Zimmer ★★★

Glifáda ■ D 3, S. 117

Glifáda mit seinem schönen Sandstrand liegt an einer der besten Buchten Korfus. Zahlreiche Wassersportmöglichkeiten.

Gouviá ■ D 2, S. 117

1400 Einwohner

In Gouviá ist der Urlauber König: Ein langer schmaler Strand lädt tagsüber zum Baden ein, der stimmungsvolle Hafen mit seinen Tavernen ist abendlicher Treffpunkt. In Nordrichtung warten außerdem interessante Zeugnisse venezianischer Vergangenheit: Schiffshäuser, in denen einst die Galeeren überwinterten. Sogar Casanova hat das Leben in Gouviá, das er Govino nannte, beschrieben.

Nach Norden schließt sich der Villenvorort **Koméno** an. Hier führt ein Steg zur Kirche Ipapánti auf einem Inselchen, das zwar nicht so bekannt ist wie die Mäuseinsel bei Kanóni, aber vor allem in der Abendsonne schön anzusehen ist.

Bei Gouviá zweigt eine ausgeschilderte Straße nach Danilia bzw. **Danilia Village** ab. Die korfiotische Familie Bouas hat hier Mitte der sechziger Jahre ein Musterdorf errichtet: Häuser im alten Stil, enge Gassen mit Kunsthandwerk und Kunst. Den Urlaubern war die Anreise wohl zu mühsam. Das Dorf ist geschlossen worden.

Hotels/andere Unterkünfte

Galaxias
Von dem kleinen, sauber eingerichteten Haus im Grünen geht man nur zwei Minuten zum Meer. Pool, Tennisplatz, Basketballfeld.
Tel. 2 66 10/9 12 23, Fax 9 02 64; 35 Zimmer ★

Grecotel Corfu Imperial M M
Auf der Spitze des Villenvororts gelegen, ausgestattet mit allem Urlaubsluxus: diverse Sporteinrichtungen, Fitnessclub, Pool, Restaurants.
Gouviá-Koméno; Tel. 2 66 10/9 14 81, Fax 9 18 81; www.grecotel.gr, E-Mail: sales_ci@grecotel.gr; 308 Zimmer ★★★★ AmEx MASTER VISA

Louis Corcyra Beach
Großzügig ausgestattetes Terrassenhaus am Wasser, Sportmöglichkeiten inklusive Reitklub, Kinderbetreuung, Pool, Restaurants.
Tel. 2 66 10/9 01 96, Fax 9 15 91; www.louishotels.com, E-Mail: corcyra@louishotels.com; 252 Zimmer ★★★

Ípsos

■ D 2, S. 117

1750 Einwohner

Der Ferienort breitet sich an einer weit geschwungenen, langen Bucht, mit Kiesel-/Sandstrand aus; grünes Hinterland mit Blick auf den Pantokrator. Alle touristischen Einrichtungen vorhanden, einschließlich Wassersportmöglichkeiten und Gokart-Bahn.

Hotels/andere Unterkünfte

Jason
Knapp 500 m vom Meer, mit Swimmingpool. Freundliche Atmosphäre.
Tel. 2 66 10/9 35 83, Fax 9 30 46; 70 Zimmer ★

Mega
Direkt am Strand; Zimmer mit Meeres- oder Bergblick. Restaurant.
Tel. 2 66 10/9 32 08, Fax 9 35 66; 60 Zimmer ★

Camping Ideal
An der Bergseite der Fahrstraße, nahe am Meer.
Tel. 2 66 10/9 32 43

Kalámi

■ D 2, S. 117

Hier, in einem der Häuser im traditionellen Stil, lebte der englische Schriftsteller Lawrence Durrell vor dem Krieg. In seinem »White House« befindet sich heute eine Taverne. In der Bucht mit Sandstrand herrscht noch Gemütlichkeit vor, ebenso in den Nachbarorten **Kouloúra**, einem Fischerdorf mit kleinem Bootshafen, und **Ágios Stéfanos**, wo das albanische Festland auf 2 km nahe kommt.

Kassiópi

■ D 1, S. 117

900 Einwohner

Kassiópi war in der Römerzeit eine bedeutende Stadt mit zwei Häfen, die sich links und rechts des Festungshügels befanden. Im Jahr 67 n. Chr., so ist es überliefert, tanzte Kaiser Nero auf dem Weg nach Olympia vor dem Zeus-Altar, welcher sich einst an der Stelle der heutigen Marienkirche (Ende 16. Jh.) befand. Die Venezianer zerstörten eine Burg aus dem 13. Jh., von der heute noch einige Mauern zu sehen sind.

Der Tourismus hat den Charme des alten Hafens nicht zerstört. Zu Füßen des Burghügels gibt es hübsche kleine Badebuchten.

Hotels/andere Unterkünfte

Oasis
Einfaches, sauberes Hotel im belebten Zentrum.
Tel. 2 66 30/8 12 10, Fax 8 10 67; 13 Zimmer ★

Essen und Trinken

Jackson
Frischer Fisch, Grillspezialitäten, Salate und Erfrischungen – nicht nur beim Warten auf den Bus.
Am Hauptplatz; Tel. 2 66 30/8 13 07 ★★

Janis
Restaurant und Weinbar mit hübscher Terrasse zur Badebucht. Internationale Küche.
80 m vom Hauptplatz Richtung Roda; Tel. 2 66 30/8 10 82 ★★

Three Brothers
Landestypische Küche, freundliche Bedienung.
Am alten Hafen; Tel. 2 66 30/8 12 11 ★★

Service

Auskunft
Im freundlichen englisch-griechischen **Reisebüro Cosmic** werden Zimmer und Häuser vermittelt, Mietfahrzeuge besorgt und Ausflüge organisiert.
An der Straße zum Hafen; Tel. 2 66 30/8 16 24, Fax 8 16 86

KORFU

Kávos
■ F 4, S. 117

700 Einwohner

»Jung-England« trifft sich an der Südspitze Korfus: Bars, Kneipen, Fastfood-Restaurants und kleine Hotels dominieren den Ort völlig, dessen großer Strand mit Sportangeboten lockt. Unverbautes Land sieht man beim Spaziergang zum Kap, wenn man vom Ende der Dorfstraße weiter Richtung Süden spaziert. Beim **Kap Asprókavos** hat man den gesamten Norden der Insel Páxos vor Augen. Nahebei erhebt sich das Kloster der **Panagía Arkoudílla**.

Hotels/andere Unterkünfte

Kávos
Einfaches Haus an der Hauptstraße, mit Pool und Bar.
Tel. 2 66 20/2 21 07; 20 Zimmer ★

Wer ruhiger wohnen will als im lebhaften Ortszentrum, sollte sich in **Ágios Pétros** umschauen. Am besten wendet man sich an Enalion Tours (49080 Ágios Pétros/Lefkími; Tel. 2 66 20/2 44 16, Fax 2 42 52).

Kontokáli
■ D 2, S. 117

1200 Einwohner

In dem kleinen Ort am Rande der Bucht von Gouvion hielt der Tourismus schon früh Einzug. Parallel zur Hauptstraße führt die stillere Dorfstraße am Wasser entlang.

Hotels/andere Unterkünfte

Kontokáli Bay M
Bestens ausgestattet, jede Menge Sport und Unterhaltung. Mit Bars und gutem Restaurant.
Tel. 2 66 10/9 90 00, Fax 9 19 01; www.kontokalibay.com, E-Mail: kontobay@otenet.gr; 243 Zimmer ★★★★

Rozina
Einfaches, sauberes Haus mit Pool und Bar. Tavernen in der Nähe.
Tel. 2 66 10/9 18 10, Fax 9 07 44; 38 Zimmer ★

Mirtiótissa
■ C 3, S. 116

Für viele der schönste Strand an der Westküste. Da er schlechter erreichbar ist als Glifáda und Kontojálos, geht es hier noch recht beschaulich zu. Nacktbaden, sonst in Griechenland verpönt oder gar polizeilich verfolgt, ist schon seit vielen Jahren üblich. Richtung Norden erkennt man das **Kloster der Panagía Mirtiótissa**, der Muttergottes von den Myrthen, das der Bucht den Namen gab.

Moraitika
■ D 3, S. 117

500 Einwohner

In dem netten, weitläufigen Ferienort mit seinen großen Hotelanlagen geht es recht touristisch zu. Im alten Ort wurden Reste einer römischen Villa ausgegraben, zu finden gegenüber der BP-Tankstelle. Vom beliebten **Messongí-Strand** trennt die Urlaubsgäste ein Fluss; man kann sich mit einem Boot übersetzen lassen.

Hotels/andere Unterkünfte

Delfinia Hotels M
Zwei gediegene Hotels unter einem Management. Beide liegen am Strand, haben Tennisplatz und Pool.
Tel. 2 66 10/7 63 20, Fax 7 54 50; www.delfiniahotels.gr, E-Mail: delfinia@hol.gr; 37 bzw. 45 Zimmer ★★

Miramare Beach
Nobelresidenz am Meeresufer.
Tel. 2 66 10/7 52 24, Fax 7 53 05; E-Mail: cfumiraml@otenet.gr; 150 Zimmer ★★★★

Nissáki ■ D 2, S. 117

Das ehemalige Fischerdorf Nissáki bietet alles: in der Sonne glitzernde Olivenhaine und einen schönen Blick zum höchsten Inselberg, gemütliche Tavernen am Kieselstrand und kristallklares Wasser vor einer reizvollen großen Sandbucht.

Hotels/andere Unterkünfte

Nissáki Beach 👫
Gut geführtes Haus am Meer. Sportler können zwischen Billard, Tischtennis, Tennis, Volleyball und Minigolf wählen. Für Kinder gibt es einen Spielplatz und einen eigenen Pool.
Tel. 2 66 30/9 12 32, Fax 2 20 79; www.nissakibeach.gr, E-Mail: nissaki@otenet.gr; 239 Zimmer ★★★

Paleokastrítsa ■ C 2, S. 116

200 Einwohner

Der malerische Urlaubsort an einer Felsenbucht bietet gute Möglichkeiten zum Baden und für Wassersportler; Boote fahren auch zu einigen benachbarten Stränden. Oberhalb des Ortes liegt ein bewohntes Mönchskloster, dessen Kirche der »Entschlafung der Gottesmutter« geweiht ist. Im **Klostermuseum** ist Volkskunst und Religiöses ausgestellt (tgl. 9–13 und 15–19 Uhr, Eintritt frei).

Hotels/andere Unterkünfte

Akrotiri Beach
Auf der Landzunge über der Bucht gelegen mit hübschem Ausblick; Pool mit Kinderabteilung.
Tel. 2 66 30/4 12 37, Fax 4 12 77; 127 Zimmer ★★★

Paleokastrítsa
Freundliches Haus mit Panoramablick.
Tel./Fax 2 66 30/2 21 17; 163 Zimmer ★★

Pantokrátor ■ D 2, S. 117

Mit 906 m der höchste Berg Korfus, genießt man vom Gipfel einen unvergleichlichen Blick – bei klarer Sicht bis Italien.

Auf mehreren Wegen gelangt der Autofahrer auf den Pantokrátor: Der einfachste führt entlang der Küstenstraße bis Pirgí, dort abbiegen nach Spartílas, weiter über Sgourádes und Strinílas nach Petália; von hier nimmt man den Weg zum Kloster Pantokrátor, das 1347 erbaut wurde und heute leer steht. Man kann fast bis hinauf zur Spitze fahren.

Ein anderer Weg führt von der Nordküste hinauf, von Acharávi über Ágios Martínos, Trimódi und Láfkio nach Petália. Für PKW ist das letzte Stück der Straße schwierig zu befahren; der Jeep schafft es leichter. Der Inselrundblick ist unvergleichlich.

❶ MERIAN-Tipp

Der schönste »Balkon« von Korfu: Bella Vista Ein reizvoller Ausflug von Paleokastrítsa führt ins nahe Hangdorf Lákones. Der Panoramablick bei Bella Vista ist schlichtweg fantastisch. Über Makrádes und Kríni, die letzte Viertelstunde zu Fuß, gelangt man schließlich zur Burgruine Angelókastro. Die Burg, im 12. Jh. errichtet, diente einst als Zufluchtsstätte bei Überfällen. Zu Beginn des 13. Jh. gehörte sie Michael Angelos, dem Herrscher von Epirus, daher der Name. Der herrliche Blick, den man von hier genießt, gehört zu den unvergesslichen Korfu-Urlauberlebnissen. ■ C 2, S. 116

Korfu

Den höchsten Berg der Insel kann man auch in Gesellschaft erklimmen. »Mountain Safari« nennt sich das aufregend-romantische Programm. Mit dem Kleinbus geht es zum Sonnenuntergang bis fast auf den kahlen Gipfel des Pantokrátor, anschließend wird im Dorf am Hang ein gutes Abendessen serviert. Rückkehr ist gegen 23 Uhr. Der Preis für die Bustour beträgt 17,50 €, Essen kann für 6 € pro Person bestellt werden. Auskunft im Reisebüro Cosmic, Kassiópi; Tel. 2 66 30/8 16 24.

Pélekas ■ D 3, S. 117

520 Einwohner

Das Bergdorf Pélekas ist mit deutscher Geschichte verbunden. Bis heute zeigt man den Besuchern stolz »Kaisers Thron«, den Platz, wo Wilhelm II. sich hinkutschieren ließ, um den Sonnenuntergang zu genießen. Pélekas und die vorgelagerten Strände an der Westküste sind Treffpunkt ausgeflippter Weltenbummler. Die Dörfler nehmen es gelassen. Bademöglichkeiten gibt es am Strand von Kontojálos (2 km entfernt) oder in Glifáda (4 km). Zu beiden Stränden verkehrt ab Pélekas mehrmals täglich ein kostenloser Pendelbus. Im Ort werden Zimmer vermietet. Empfehlenswert sind beispielsweise Pension und Restaurant Thomas, Tel. 2 66 10/9 44 91. Bis Pélekas verkehren Busse ab Korfu-Stadt (blaue Linie 11).

Pérama ■ D 3, S. 117

650 Einwohner

In Pérama beginnt das Badeleben südlich der Hauptstadt. Von der Westseite des Ortes genießt man einen ähnlich spektakulären Blick auf die Bucht und die Mäuseinsel wie von Kanóni (→ S. 30); dazu sieht man die Flugzeuge einschweben, wenn sie von See kommend landen. Auch der deutsche Kaiser ging einst bei Pérama an Land, woran »Kaiser's Bridge« erinnert, die für die Yacht »Hohenzollern« errichtet wurde.

Hotels/andere Unterkünfte

Frini
Schlichtes Haus bei der Kaiser-Brücke, freundliche Atmosphäre. Tel. 2 66 10/3 68 77, Fax 4 05 10; 20 Zimmer ★

Oasis
Hotelzimmer und Bungalows mit Privatstrand und Swimmingpool. Tel. 2 66 10/3 81 90, Fax 2 54 35; 72 Zimmer ★★

Perivóli ■ E 4, S. 117

1400 Einwohner

Bekannt ist das Dorf im Süden wegen eines wunderschönen Sandstrandes in der Nähe, Santa Barbára. Doch auch Perivóli, unberührt vom touristischen Trubel, lohnt den Besuch.

Pirgí ■ D 2, S. 117

Die Strände von Pirgí und Ípsos gehen nahtlos ineinander über. Badegäste werden hier mit allem versorgt, was in die Kategorie Spiel, Sport, Spaß und Erholung gehört. Restaurants, Geschäfte und Bars umrahmen den Badeboulevard. An dem schmalen Strandstreifen wird der Platz allerdings manchmal eng.

Wer sich für Bergdörfer und Kirchen interessiert, sollte Ágios Márkos besuchen: Alte Kafenía, enge Gassen lassen den Badebetrieb unten am Meer vergessen. Im Ort, 1669 von kretischen Flüchtlingen gegründet, liegen zwei berühmte Kirchen: oberhalb der Dorfstraße die Kirche Pantokrátoras mit Wandmalereien des 16. Jh., unterhalb die des hl. Merkoúrios, eines der ältesten Gotteshäuser Korfus, um 1075 begonnen, mit Fresken aus dem 11. Jh.

PANTOKRÁTOR – SIDÁRI

Hotels/andere Unterkünfte

Marilena
An der Bergseite im Grünen gelegen, jeweils etwa 500 m vom Meer und vom Zentrum entfernt, dafür mit Panoramablick und Pool.
Tel. 2 66 10/9 39 81, Fax 9 38 89;
83 Zimmer ★★

Camping Paradiso
Schöne Anlage unter schattigen Oliven, in Strandnähe.
Tel. 2 66 10/9 35 58

Róda
■ D 1, S. 117

280 Einwohner

Das Touristenzentrum mit weitem Sandstrand ufert immer mehr aus. Parallel zur Hauptstraße mit ihren vielen Geschäften ist, immer am Wasser entlang, mittlerweile eine weitere Promenade mit Bars, Restaurants und Läden entstanden. Am Strand befindet sich ein Wassersportzentrum. Wegen der ausgezeichneten Windverhältnisse ist diese Ecke der Nordküste das Paradies für Windsurfer.

Hotels/andere Unterkünfte

Afroditi
Schlichte Unterkunft am Meer mit angeschlossenem Restaurant und Bar.
Tel. 2 66 30/6 31 03, Fax 6 31 25;
37 Zimmer ★

Roda Inn
Einfach ausgestatteter Familienbetrieb direkt am Strand. Restaurant und Bar sind vorhanden. Ein Haus mit Flair.
Tel. 2 66 30/6 33 58; 19 Zimmer ★

Camping Roda Beach
800 m vom Strand entfernt.
Tel. 2 66 30/6 31 20, Fax 6 30 81

Service

Auskünfte
Zimmer- und Autovermittlung, Geldwechseln und Ausflüge im Büro
V. A. Travel
Tel./Fax 2 66 30/6 34 97

Sidári
■ C 1, S. 116

270 Einwohner

Im Sommer voll in touristischer Hand: Die Hauptstraße wird auf 2 km Länge von Geschäften, Bars, Pensionen und Restaurants gesäumt. Am Ende der Straße schließt sich der Urlaubsort **Pouládes** an. Hier geht es auch zum berühmten »Canal d'Amour«, einer engen Stelle, die Verliebte durchschwimmen sollen. Der Kanal ist zwar mittlerweile eingestürzt, die Tradition wird jedoch weitergeführt. Westlich des Dorfes gibt es bizarr geformte Sandsteingebilde; das Wasser hat tiefe Einschnitte und Canyons gegraben.

Im Ort kommen auch jüngste Urlauber auf ihre Kosten: Eine riesige Wasserrutsche und eine »Autoschule« mit akkubetriebenen Vierrädern warten auf kleine Besucher. Als Tipp für Disko-Freunde wird der Faros-Club gehandelt, der an seinem Leuchtturm auf dem Dach zu erkennen ist.

Hotels/andere Unterkünfte

Mimosa
Einfaches Haus unter englischer Leitung am Weg zum Strand; Pool und Poolbar sorgen für Erfrischung.
Tel. 2 66 30/9 53 63, Fax 9 53 61;
35 Zimmer ★

Service

Die Reiseagentur **Alkinoos Travel** organisiert Ausflüge, Reitpferde, Leihwagen und Unterkünfte.
Tel. 2 66 30/9 55 50

ITHAKA

Schon Odysseus, der ein großes Reich regierte, wählte das kleine Ithaka zum Lieblingsort. Auf seinen und Homers Spuren kann man bis heute wandeln.

Ithaka ■ CD 7–8, S. 118/119

2500 Einwohner

Ithaka ist mit 96 qkm die zweitkleinste der Ionischen Inseln – und die am wenigsten besuchte, weil die Anreise etwas umständlich ist. Die Insel besteht aus zwei gebirgigen Teilen, zusammengehalten durch den 600 m breiten Isthmos bei **Aetós**. Vor dem Zweiten Weltkrieg lebten rund 15 000 Menschen auf Ithaka, heute nur noch ein Sechstel davon. Der Krieg und das Erdbeben von 1953 haben zu Auswanderungswellen geführt. Außerdem wurden der bergigen Insel früher mehr Lebensmittel abgerungen. Davon zeugen noch heute die vielen Windmühlen. Ithaka hat tief eingekerbte, zerklüftete Küsten. Von den bis auf gut 800 m ansteigenden Bergen kann man das Festland und die Nachbarinseln sehen; Kephaloniá ist an der engsten Stelle nur 4 km entfernt. Vom Kap Melíssa im Norden sind es 11 km bis zur Südspitze Lefkádas.

Der Archäologe Heinrich Schliemann ging davon aus, dass Ithaka die Heimat des Odysseus war. Er hat die bei Homer beschriebene Burg jedoch nicht gefunden. Sein Berufskollege Wilhelm Dörpfeld hingegen war überzeugt, Homers Ithaka sei Lefkáda. Auch ihm gelang der Beweis nicht.

Der Esel ist als Lastenträger und Fortbewegungsmittel oft noch unentbehrlich.

ITHAKA – VATHÍ

Vathí
■ D 8, S. 119

800 Einwohner

Haupthafen und Hauptort von Ithaka ist Vathí. Piraten sollen im Mittelalter die Ansiedlung gegründet haben. Sicher weniger wegen des idyllischen Hintergrundes aus üppigem Grün unter glänzenden Bergkronen; ganz vordergründig hatten sie nur ein gutes Versteck im Auge. Und das bot diese eindrucksvolle Bucht. Denn wie ein Amphitheater breitet sich der Ort rund um die tief eingeschnittene Hafenbucht aus, in deren Mitte die Insel **Lazaretto** Stürme von See her bremst.

Lazaretto war in früheren Zeiten Quarantänestation, dann Gefängnis. Heute steht hier ein Kirchlein, nachdem beim großen Erdbeben 1953 die Gefängnismauern einstürzten.

Ithakas Hauptstadt ist ein Ort, in dem man sich sofort wohl fühlt und entspannt. Lord Byron, der in der Bucht von Vathí badete und zum Inselchen Lazaretto schwamm, wollte gar alle seine Bücher verbrennen, wenn Ithaka ihm gehörte.

Das öffentliche Leben spielt sich in der Mitte des Hafens ab. Das Rathaus liegt hier, auch die Reisebüros, Tavernen und Geschäfte. Wer etwas auf sich hält, trinkt seinen Morgenkaffee im Vorgarten der Villa Drakoúli, am Rande des Meerwassersees. Hinter der Villa liegen Archäologisches Museum und Kulturzentrum, 200 m weiter das älteste Hotel der Insel, das »Mentor«. Baden kann man am nördlichen Ausläufer der Bucht, in Loutsá, oder an Stränden, zu denen Boote verkehren: **Gidáki, Filiatró**.

Oberhalb der Bucht von **Sarakinikó** haben sich in den siebziger Jahren deutsche Aussteiger niedergelassen, die sich mittlerweile recht gut mit den Einheimischen arrangiert haben.

Hotels/andere Unterkünfte

Captain Yannis Hotel
Moderne Bungalowanlage mit Pool und Poolbar, Tennisplatz und angeschlossenem Restaurant.
Tel. 2 67 40/3 33 11, Fax 3 28 49 ★★★

Mentor
Einfache, saubere Zimmer, freundliche Atmosphäre.
Am nordöstlichen Ende des Hafens;
Tel. 2 67 40/2 24 33, Fax 3 22 93;
www.hotelmentor.gr,
E-Mail: welcome@hotelmentor.gr;
36 Zimmer ★★

Odysseus
Kleines Haus für preisbewusste Inselhüpfer.
Beim Fähranleger; Tel. 2 67 40/3 23 81, Fax 3 23 39; 10 Zimmer ★

Odyssey Apartments
Die neue Anlage, bestens ausgestattet, thront über der Nordseite des Hafens. (9 Apartments f. 2–6 Pers.)
Tel. 2 67 40/3 34 00, Fax 3 26 68;
www.agn.gr/hotels/odyssey,
E-Mail: odyssey-ap@otenet.gr ★★★

Camping Cadina
Etwa 2,5 km außerhalb von Vathí, an der Filiatró-Bucht, liegt dieser kleine, einfache Platz unter Olivenbäumen. Gute Bademöglichkeit.
Kein Telefon

Essen und Trinken

Alle beschriebenen Lokale liegen »in der zweiten Reihe« hinterm Hafen.

O Nikos
Einfache Taverne mit griechischer Küche.
Platía Politechníou ★★

ITHAKA

Sirínes M M
Das Restaurant mit sehr guter Küche ist in einem alten Kapitänshaus eingerichtet.
Odós Doureíou Íppou; Tel. 2 67 40/3 30 01
★★★

Trechantíri
Griechische Küche. Die Taverne ist bei den Einheimischen sehr beliebt.
Odós Doureíou Íppou ★★

Service

Anreise
Feste Schiffsverbindungen bestehen mit dem Festland (Pátras, Astakós) und mit Kephaloniá (Sámi), in der Saison auch mit Italien und Lefkáda; im Sommer verkehren zusätzlich Ausflugsboote.

Auskunft
Delas Tours
Das Reisebüro befindet sich beim Zollgebäude am Hafen. Angeboten werden Auskünfte, Ausflüge, Zimmervermittlung.
Tel. 2 67 40/3 21 04, Fax 3 30 31;
www.ithaca.com.gr,
E-Mail: delas@otenet.gr

Polyctor Tours
Reisebüro am Hafen beim Taxistand. Neben Auskünften und Schiffstickets sind hier auch Apartments und Hotelzimmer zu bekommen.
Tel. 2 67 40/3 31 20, Fax 3 31 30

Busverkehr
Ein öffentlicher Bus verbindet im Juli/August die Hauptstadt mit den Küstendörfern.

Hafenamt
Tel. 2 67 40/3 29 09

Medizinische Versorgung
Krankenhaus
Tel. 2 67 40/3 22 22

Polizei
Tel. 2 67 40/3 22 05

Ziele in der Umgebung

Fríkes ■ C 7, S. 118

Ein kleiner Ort im Norden an der Ostküste, gut für ruhige Ferien. Man sitzt direkt am stimmungsvollen Hafen, geht zum Baden 500 m Richtung Süden, wo Stufen zum Kieselstrand mit kristallklarem Wasser führen. Drumherum eine unvergleichliche Kulisse: Weiße »Stalagmiten« säumen die Bucht, hell ausgewaschene Felsen, die senkrecht aus dem Wasser ragen. Vor der Bucht weht ein guter Wind zum Surfen.

Hotels/andere Unterkünfte

Nostos 👫
→ MERIAN-Tipp S. 14

Essen und Trinken

Penelope
Fischspezialitäten; der Bruder des Wirts ist Fischer.
Am Hafen ★★

Symposion
Griechische Küche; frischer Fisch und Wein vom Fass.
Am Hafen ★★

Kióni ■ C 7, S. 118

200 Einwohner

Auf der Insel des Odysseus fühlt man sich nicht nur im Hauptort wohl: Noch intimer und geruhsamer als Vathí ist der kleine Hafenort Kióni im Nordosten Ithakas. Die Natur hat hier ein Plätzchen zum Verlieben geschaffen, das bislang durch den – spärlichen – Fremdenverkehr noch kaum verändert worden ist.

Im Sommer kommen Auswanderer aus Amerika und Australien zu Besuch auf ihre Heimatinsel. Am Mini-Kieselstrand im Dorf kann man direkt vor der Taverne baden. Zu Stränden in der Umgebung fahren Boote. Die Bucht wird Richtung Süden von einem Hügelrücken mit drei Windmühlen begrenzt.

Kloster Kathará ■ C 8, S. 118

10 km von Vathí entfernt in 600 m Höhe an den Hängen des Néritosgebirges erhebt sich das Kloster aus dem 17. Jh. Pater Theodosios, der Englisch spricht, lebt hier allein. Wenn er nicht gerade laut die Liturgie singt und die Kirchentür hinter sich zugezogen hat, kann man seine Kirche besichtigen, sonst muss man im friedlichen Innenhof des Klosters warten. Das äußere Tor ist von 13–15 Uhr geschlossen.

Von der Aussichtsplattform beim Turm genießt man einen unvergleichlichen Blick auf die Berge, hinüber nach Kephaloniá und auf Vathí. In der Klosterkirche wird eine Ikone der Muttergottes verehrt, die als einzige einen Brand überlebte. Das Bild soll aufrecht in den rauchenden Trümmern gestanden haben. Ein Panijíri wird hier alljährlich am 8. September gefeiert.
Tgl. 8–20 Uhr

Nymphengrotte ■ D 8, S. 119

Die von Homer besungene Grotte ist bei einem etwa zweistündigen Spaziergang von Vathí aus zu erkunden. Der Weg führt am Wasser entlang Richtung Stavrós, biegt am Ende der Bucht links ins Land ab (Wegweiser »Cave of Nymphies«), zwischen Oliven und Feldern hindurch, an kleinen Gehöften vorbei. Angeblich hat Odysseus in der Grotte nach seiner Heimkehr mitgebrachte Schätze versteckt, ehe er sich auf den Weg zu seiner Frau Penelope machte.

Perachóri ■ D 8, S. 119

400 Einwohner

Das Hangdorf Perachóri kann man von der Hauptstadt aus leuchten sehen – morgens im Schein der aufgehenden Sonne, abends aufgrund hunderter von Glühlampen. Überwältigend schön ist der weite Panoramablick über die Bucht.

Stavrós ■ C 7, S. 118

320 Einwohner

Stavrós, auf einem Bergrücken gelegen, ist Hauptort des Inselnordens. In der Nähe sind Archäologen tätig, die die Hauptburg des Odysseus bei Pilikáta vermuten, von wo aus man »drei Meere« sehen kann, wie Homer beschreibt. Hier sind Reste kyklopischer Mauern und eine Nekropole mit einem in Stein gehauenen Grab und einem Altar gefunden worden. Die Kirche der Verklärung Christi steht am 5./6. August bei einem Volksfest im Mittelpunkt. Stavrós hat ein kleines **Archäologisches Museum** mit Funden aus der Gegend: Amphoren, protohelladische, mykenische und korinthische Keramik (Eintritt frei, 8.30–15 Uhr).

Das Leben spielt sich am Hauptplatz ab, wo eine Büste von Odysseus den unerschütterlichen Glauben der Ithaker an die Herkunft des Helden dokumentiert.

Essen und Trinken

Fatouros
Einfache, aber wohlschmeckende griechische Küche.
Tel. 2 67 40/3 13 85 ★

Petra
Fleisch und Wein aus eigener Produktion. Der Wirt vermietet auch Zimmer im Ort.
Tel. 2 67 40/3 15 96 ★★

KEPHALONIÁ

Voller Naturwunder ist die größte der Ionischen Inseln: Tropfsteinhöhlen so groß wie Konzertsäle, Seen, deren Tiefe niemand kennt, Tannen, die nur hier wachsen.

Kephaloniá

■ A–C 7–8, S. 118;
A–D 9–10, S. 120/121

40 000 Einwohner

Die 781 qkm große Insel ist gebirgig. Herausragender Gipfel ist der **Énos** (1628 m), zugleich der höchste Berg der Inselgruppe. An seinen Hängen wachsen die dunklen Kephaloniá-Tannen (lat. abies cephalonensis). Allerdings haben Rodungen und Waldbrände den Bestand gelichtet. Die Errichtung eines Naturparks soll helfen, die Bäume zu erhalten. Kephaloniá ist auch wild zerklüftet. Der tiefste Einschnitt, der **Golf von Argostóli**, erhielt seinen Namen von der Hauptstadt. Südlich der Hauptstadt Argostóli ist in jüngster Zeit der Flughafen ausgebaut worden, so dass die Insel schnell zu erreichen ist.

Die große, nicht überlaufene Insel bietet den Reisenden viele Ausflugs-, Wander- und Erholungsmöglichkeiten. Die Bevölkerung lebt von der Landwirtschaft, dem Fischfang und zunehmend auch vom Tourismus.

An den Felsküsten gibt es zahlreiche Höhlen; in einigen leben noch Exemplare der vom Aussterben bedrohten Mönchsrobbe Monachus Monachus. Höhlen gibt es auch im Landesinneren: Die berühmteste ist die **Tropfsteinhöhle von Drongaráti** bei Sámi. Wenige Kilometer entfernt liegt als weitere Attraktion der **Melissáni-See**, ebenfalls in einer Höhle. Die Decke ist eingestürzt. Hier tritt das Wasser wieder aus, das 16 km entfernt, bei Argostóli, in der Erde verschwindet. Das Erstaunliche dabei: Um von Argostóli nach Melissáni zu kommen, muss das Wasser bergauf fließen! Des Rätsels Lösung: Der Kalkstein ist wasserdurchlässig. Regenwasser dringt ein, erhöht den Druck in den engen »Röhren« – mit dem Ergebnis, dass das Wasser geringe Höhenunterschiede überwinden kann.

Das große Beben von 1953, das die Insel bis zu 30 cm anhob, hat die örtlichen Naturphänomene verändert. Die Unterwassermühlen bei Argostóli arbeiten nicht mehr. Auch die berühmten beweglichen Steine, die Kounópetra, die vor **Mantzavináta** im Süden der Halbinsel Palíki im Wasser stehen, sind seither wie angewurzelt.

Kephaloniá erhielt ihren Namen vom mythischen König Kephalos, der wegen seines triebhaften Lebenswandels hierher verbannt wurde. Seine vier Söhne wurden Stadtgründer: Same, Krane, Pale und Pronoi. Die Standorte sind lokalisiert, Reste von Mauern ausgegraben.

Das Wandern haben die Griechen trotz der herrlichen Landschaft, in der sie leben, nicht erfunden. Deutsche und Engländer, die im Lande »hängengeblieben« sind, verfassten jedoch im Laufe der Jahre einige Broschüren mit Wandervorschlägen. In deutscher Sprache erschienen ist ein Faltblatt der Naturschutzorganisation Archipelagos: *Wanderwege in Kephaloniá*; es ist kostenlos erhältlich beim EOT (→ S. 52).

Argostóli

■ B 9, S. 120

8000 Einwohner
Stadtplan → S. 51

Argostóli ist Hauptstadt, aber nicht bedeutendster Hafen der Insel. Sámi und Póros an der Ostküste haben ihr den Rang abgelaufen. 1757 von den Venezianern zur Inselmetropole erklärt, ist Argostóli Nachfolgerin von Kástro, 10 km südlich auf dem Bergkegel gelegen. Rund um den Berg mit der Burg **Ágios Geórgios** hat sich ein neues Dorf entwickelt. Dass hier einmal 15 000 Menschen lebten, ist kaum vorstellbar.

Argostóli wurde 1953 fast völlig zerstört. Dem Beben mit der Stärke 7 auf der Richterskala fielen rund 70 Prozent der Gebäude auf der Insel zum Opfer, in der Hauptstadt sogar 90 Prozent. Längst ist sie wieder aufgebaut, modern und zweckmäßig. Der Charme der alten Häuserzeilen ist nur noch auf Fotos im Volkskundemuseum zu erahnen.

Die Odós Lithóstrotou, parallel zur Uferpromenade, ist heute Fußgänger- und Einkaufszone. Hier liegen Post, Banken, einige Kirchen, darunter die katholische Nikolauskirche. Die offiziellen Gebäude – Rathaus, Präfektur, Museum, Theater – findet man in der Nähe des Hauptplatzes, der Platía Valianoú.

Vorn am Wasser liegen die Markthallen. Bis 1996 befand sich daneben der Busbahnhof, was ein ständiges Verkehrschaos zur Folge hatte. Die Busstation der staatlichen Gesellschaft KTEL wurde daraufhin an den südlichen Ortsausgang verlegt. Hier, in der Koutavos-Lagune, befand sich einst der Hafen der alten Hauptstadt Kástro.

Eine Pendelfähre verbindet Argostóli mit Lixoúri, im Sommer alle 30 Minuten, sonst stündlich. Die Fahrt dauert 25 Minuten, der Weg mit dem Auto um die Bucht länger. Etwa 2 km von der Hauptstadt entfernt, an der Westseite der Landzunge, ist bei Lássi ein modernes Urlaubszentrum entstanden, zu dem zwei schöne Strände gehören, **Makrís Gialós** und **Platís Gialós**. Lássi ist mit dem Stadtbus erreichbar.

Hotels/andere Unterkünfte

Ionian Plaza ■ a 1
Neoklassizistisches Haus mit eigenem Restaurant.
Am Hauptplatz; Tel. 2 67 10/2 55 81, Fax 2 55 85; 42 Zimmer ★★

Mirabel ■ a 1
Jedes Zimmer mit Balkon; der Garten kann von allen Gästen benutzt werden.
Am Hauptplatz; Tel. 2 67 10/2 53 81, Fax 2 53 84; 33 Zimmer ★★

Mouíkis ■ b 2
Ruhig in einer Nebenstraße gelegen. Freundliche Atmosphäre.
Odós Byron 3; Tel. 2 67 10/2 34 56, Fax 2 45 28; 36 Zimmer ★★

Olga M ■ b 2
Modernes Haus an der Uferpromenade, mit Blick auf den Hafen.
Odós Antoni Tritzki 121; Tel. 2 67 10/2 49 81, Fax 2 49 85; 43 Zimmer ★★

Tourist ■ b 2
Preiswerte Unterkunft mit Blick zum Hafen, zentral gelegen.
Odós Antoni Tritzki 109;
Tel./Fax 2 67 10/2 55 10; 21 Zimmer ★

Camping Argostóli nördlich ■ a 1
Beim Leuchtturm, 2,5 km nördlich der Stadt, direkt am Wasser. Allerdings ist hier kein guter Strand, aber die Lassi-Strände sind nur 3 km entfernt.
Tel. 2 67 10/2 34 87

KEPHALONIÁ

Spaziergänge

Meeresmühle und Leuchtturm
nördlich ■ a 1

Zu den berühmten Meeresmühlen, den **Katavóthres**, führt der Weg 2 km nordwärts, direkt am Wasser entlang. Unterwegs gibt es Einkehrmöglichkeit in einer Wein-Taverne links sowie im Café Averto rechts der Straße. Eine der Wassermühlen wurde wieder aufgestellt. Busgruppen wird gezeigt, wo das Meerwasser verschwindet, das im Melissani-See wieder heraustritt (→ S. 56).

Das Phänomen der Mühlen von Kephaloniá wurde 1835 entdeckt. Normalerweise fließt das Wasser vom Land ins Meer – hier war es umgekehrt: Die Fluten drückten, wider alle Naturgesetze, mit solcher Kraft ins Inland, dass sie Mühlen betreiben konnten. Der »verkehrte« Wasserweg wurde jedoch erst 1835 entdeckt und für die Mahlarbeit eingespannt. Später diente das in die Tiefe stürzende Wasser zur natürlichen Stromerzeugung. Seit der Hebung der Insel beim letzten Erdbeben fließt nur noch wenig Wasser in die Spalten; das Mühlrad ist Erinnerung. Dafür gelang österreichischen Geologen 1959 durch Farbbeigaben der Beweis, dass das hier im Boden verschwindende Wasser in der Melissáni-Höhle (→ S. 56) wieder austritt. Für seinen unterirdischen Weg von West nach Ost braucht es zwei Wochen.

Blickt man von hier Richtung Westen, sieht man den Leuchtturm am Kap Agíi Theodóri. Das Bauwerk aus dem Jahr 1820 sieht mit seinen Säulen wie ein Rundtempel aus. Vom Leuchtturm südlich erkennt man den touristisch erschlossenen Ortsteil Lássi. Zwischen Mühlrad und Turm liegt der nicht besonders attraktive Campingplatz, daneben die Clubs Capitol und Notes, wo im Sommer mit Musik und Unterhaltung zahlreiche Gäste angelockt werden.

Brücke und Obelisk ■ c 2

Am südlichen Ortsausgang schneidet eine 900 m lange Brücke das Ende der Bucht ab; sie führt von Argostóli nach Drapáno und wurde in der ersten Hälfte des 19. Jh. von dem in englischen Diensten stehenden Schweizer Charles de Bosset entworfen. Die Pyramide in der Mitte hat man zu Bossets Ehren aufgestellt, der zwischen 1810 und 1814 Gouverneur der Briten auf Kephaloniá war. Einen seiner Nachfolger, Charles Napier, würdigen die Bewohner mit einem Park westlich des Hauptplatzes.

Am Ende der Brücke, der Stadt gegenüber, liegt das alte Kraftwerk, südlich davon sind Mauerreste gefunden worden. Ein Fußweg führt in 90 Minuten um die Lagune herum.

Museen

Archäologisches Museum ■ b 2

Fundstücke aus der bewegten Inselgeschichte vor der großen Zeitwende: grobes Werkzeug für große Steinzeitler-Hände; feiner Schmuck für die Ewigkeit aus mykenischen Gräbern; Beispiele für den Münzenkrieg der vier alten Städte; der Säulenschutt eines dorischen Tempels (6. Jh. v. Chr.); der unselige Kephalos tritt nochmals aus einem Relief hervor (der magische Minos-Hund Lailaps, den hier schon sein Stein-Schicksal ereilt hat, beißt ihn zurück), kunstvolles Steinchen-»Parkett« aus römischen Villen.
Tel. 2 67 10/2 83 00
Ecke Odós Valianoú/Rokou Vergóti;
tgl. außer Mo 8.30–15 Uhr; Eintritt 3 €

Volkskunde- und Geschichtsmuseum ■ a 2

Das Privatmuseum im Erdgeschoss der Korgialénios-Bibliothek dokumentiert das Inselleben seit dem vorigen Jahrhundert: Trachten, Sitten und Gebräuche, Feste, die Zeit der Briten und der Kriege, Erdbebenkata-

ARGOSTÓLI

strophe 1953 und Wiederaufbau. Interessant ist ein Prunkschlafzimmer aus dem 19. Jh.; auch alte Handarbeiten und Haushaltsgegenstände.
Odós Ilia Zervoú; tgl. außer So 9–14 Uhr; Tel. 2 67 10/2 88 35; Eintritt 3 €

Essen und Trinken

Café Averto nördlich ◼ b 2
Nicht nur Getränke, auch Speisen werden serviert, abseits vom Hafentrubel im Grünen.
700 m nördlich der Stadtgrenze, am Weg zur Wassermühle (Sea Mill) ★★

Captain's Table ◼ b 2
Traditionelle griechische Küche. Die Stühle stehen dem Wasser gegenüber.
Odós Antoni Tritzi 143 ★★

Kafeníon Elios ◼ b 2
Im preiswertesten Lokal der Stadt serviert man Getränke und kleine Gerichte.
Odós Antoni Tritzi 62 ★

Kalafatis ◼ b 2
Griechische Küche zu günstigen Preisen. Man sitzt ganz nah am Meer.
Odós Antoni Tritzi 49 ★

Patsoúras ◼ b 2
In dieser einfachen Taverne kann man sich die Gerichte noch selbst am Tresen aussuchen.
Odós Ioánnis Metaxá 32, beim Fähranleger ★★

Am Abend

Musik-Café Rumours ◼ a 1
Am Hauptplatz; Tel. 2 67 10/2 45 24

KEPHALONIÁ

Service

Ausflüge
Ainos Tours ■ a 1
Unterkunft, Ausflüge, Autos.
Leofóros Vergóti 14; Tel. 2 67 10/2 23 33,
Fax 2 46 08; www.ainostravel.gr,
E-Mail: ainos@otenet.gr

Cefalonia Holidays ■ b 1
Odós 21. Mai (direkt hinter der Polizei);
Tel. 2 67 10/2 32 81, Fax 2 80 10;
www.cefaloniaholidays.gr,
E-Mail: cefaloniaholidays@ionion.gr

Auskunft
**Griechische Fremdenverkehrs-
zentrale (EOT)** ■ b 1
Odós Metaxá, neben dem Anleger der
Lixoúri-Fähre an der nördlichen Hafen-
mole; Tel. 2 67 10/2 22 48, Fax 2 44 66;
Mo–Fr 8.30–15 Uhr

Busverkehr ■ b 2
Busstation der KTEL am Südende der
Uferstraße, in der Nähe der Brücke.
Busse nach Fiskárdo, Póros, Lássi
(fahren am Wasser ab, nicht von den
Bussteigen), Skála, Katélios, Sámi,
Ágios Gerásimos, Kourkoumeláta,
Athen; Querverbindungen Skála–
Póros und Katélios – Póros.
KTEL organisiert auch Ausflugs-
touren: Kephaloniá-Rundfahrt, Insel-
fahrt nach Ithaka mit Rundtour, Insel-
rundfahrten auf Zákynthos und Lef-
káda sowie über Póros und Killíni ins
antike Olympia (Tel. 2 67 10/2 22 81,
Fax 2 33 64).

Hafenpolizei ■ b 1
Odós Metaxá; Tel. 2 67 10/2 22 24

Touristenpolizei
Tel. 2 67 10/2 28 15

Leihwagen
Sunbird ■ b 2
Odós Antoni Tritzi 139; Tel. 2 67 10/2 37 23,
Fax 2 54 84

Eurocar ■ a 1
Am Hauptplatz; Tel. 2 67 10/2 27 70,
Fax 2 45 52

Ziele in der Umgebung

Ágios Geórgios ■ B 9, S. 120

10 km südlich von Argostóli liegt die
alte Hauptstadt **Kástro**, von der nur
die eindrucksvolle Burganlage Ágios
Geórgios erhalten ist. 1262 wurde
mit dem Bau begonnen, Venedig ver-
stärkte ihn zu Beginn des 16. Jh. Der
mächtige Mauerring, dessen Umfang
etwa 600 m beträgt, dokumentiert
die Wehrhaftigkeit des Kastells. Von
den Zinnen kann man hinüberschau-
en zum Énos-Massiv, Richtung Flughafen, nach Lássi und Argostóli.
Di–Sa 8–19, So 8–15 Uhr; Eintritt frei

Ágios Gerásimos
■ B 9, S. 120

Das Kloster des Schutzpatrons der
Insel wurde beim Erdbeben 1953 bis
auf den Glockenturm zerstört. Die
meisten Gebäude wurden wieder aufgebaut; die neue Kirche ist äußerlich
fertig, die Ausmalungen im Innern
dauern an, da das Geld fehlt. Die
Nonnen beten solange in einer kleinen Kirche, die auch dem Besucher
offen steht.

Gerásimos lebte im 16. Jh. auf dem
Berg Athos. Er ging zunächst nach Je-
rusalem, kam dann über Kreta und
Zákynthos nach Kephaloniá. Des Rei-
sens müde, zog er sich in eine Höhle
zurück, die man in Lássi besichtigen
kann. Für eine Ikone der Muttergottes baute er um 1570 eine Kirche;
daraus entstand das Kloster. Gerásimos wurde im Jahr 1622 heilig gesprochen.

In der Nähe des Klosters ist eine
Weinkellerei zu besichtigen, die die
Trauben aus der Ernte von 280 Bauern verarbeitet. Berühmt ist die Ro-
bola-Traube. Der beste Wein, benannt nach dem Kloster, steckt in
Flaschen mit Juteumhüllung.

ARGOSTÓLI – ÁGIOS GERÁSIMOS

Oben: Der einfallsreichste »Architekt« der Insel war die Natur. Dank der besonderen Akustik in der Tropfsteinhöhle Drongaráti hat Kephaloniá ein einmaliges Musiktheater (→ S. 54).

Mitte: Der Leuchtturm von Argostóli sieht wie ein Tempel aus (→ S. 50).

Unten: Mit dem Lagunendörfchen Ássos schufen sich die Venezianer einst ein Stück zweite Heimat. Heute schmücken die Griechen ihren malerischen Hafenort mit Pastellfarben und Blumen (→ S. 54).

Ássos
■ B 8, S. 118

Der Ort liegt nahe der Straße Argostóli–Fiskárdo, nördlich der Mírtos-Bucht am Fuß einer mächtigen Burg. Die kurvenreiche Strecke, 4 km bergabwärts, ist gut ausgebaut. Die Häuser des überaus malerischen und im Sommer entsprechend überlaufenen Dorfes gruppieren sich um den Hafen.

Reizvoll ist ein Ausflug zur Burg: Den Berg bis hinauf zum Burgtor zu erklimmen bedeutet jedoch weitere 2 km über staubige Schotterwege, die der Taxifahrer nicht gern fährt. Wer nicht zu Fuß gehen will, kann mit dem Leihwagen fahren, hat dann jedoch Schwierigkeiten, das Auto zu parken. Nur drei oder vier Fahrzeuge haben vor dem stets offenen Tor Platz. Die Gebäude in der Burg sind verfallen, der Blick dafür fantastisch.

Hotels/andere Unterkünfte

Apartments Linardos
Modern eingerichtete Studios.
Am Ortseingang; Tel. 2 67 40/5 15 63 ★★

Essen und Trinken

Nirides
Gute griechische Küche; die Wirtsleute vermitteln Zimmer und Apartments.
Am Hafen; Tel. 2 67 40/5 14 67 ★★

Platanos
Einfache, aber schmackhafte griechische Hausmannskost.
Am Dorfplatz; Tel. 2 67 40/5 13 81 ★★

Drongaráti
■ C 9, S. 120

Die berühmte Tropfsteinhöhle, 4 km von Sámi entfernt, ist seit 1963 für Besucher zugänglich. 167 Stufen führen hinunter. Der Weg ist feucht, aber auf gerieffeltem Beton nicht rutschig. Die 1000 qm große Höhle hat eine derart gute Akustik, dass sie für musikalische Darbietungen genutzt wird. Im unterirdischen Konzertsaal hat Míkis Theodorákis musiziert, auch die Callas hatte einen Auftritt. Nach dem Betreten der Höhle, die eine gleichbleibende Temperatur von 18 Grad hat, blickt man links von der »Königsloge« aus in den Konzertsaal (30 x 34 m). Selbst wenn 1000 Gäste dicht gedrängt für Stunden hier stehen, wird der Sauerstoff nicht knapp – offenbar ist die Drongaráti mit anderen, noch unerforschten Höhlen verbunden. In der Mitte blieb freier Raum, weil der Boden aus Schlamm bestand und sich so keine Stalagmiten bilden konnten. Beim Parkplatz, hinter dem Ausgang rechts oben, lag einst das alte Same (Ruinenreste).

Nur wenige Kilometer entfernt lohnt der See von **Melissáni** den Besuch (→ S. 56). Auch er war einmal eine Tropfsteinhöhle. Als deren Decke einbrach, füllte sich die Höhle mit Wasser.
Tgl. 8–20 Uhr; Eintritt 3,50 €

Fiskárdo
■ C 7, S. 118

180 Einwohner

Der kleine Ort im Norden muss 1953 einen besonderen Schutzengel gehabt haben: Beim gewaltigen Erdbeben blieben fast alle Häuser stehen. In traditioneller, farbenfroher zweistöckiger Bauweise reihen sie sich um den pittoresken Hafen. An den Ausläufern der Bucht sind kleine Hotels entstanden. Ausflugsboote verbinden Fiskárdo mit den übrigen Häfen der Insel, dazu mit Fríkes auf Ithaka sowie Nidri und Vassilikí auf Lefkáda. Mit Booten oder Zweirädern erreicht man die Badebuchten der Umgebung, die dem Ortsstrand vorzuziehen sind. Tagsüber kommen Ausflügler mit dem Bus, abends wird der nach dem Normannenherzog Robert Guiscard benannte Ort wieder ruhig. Guiscard starb hier anno 1085 an einer Seuche.

ÁSSOS – LÁSSI

Hotels/andere Unterkünfte

Anthis Dreams
Apartments mit Blick übers Meer,
300 m vom Zentrum.
Südliches Hafenrund; Tel. 2 67 40/41317,
Fax 4 13 18 ★★

Kiki
Apartments in mehreren schönen
Häusern an der Hafenumfassung.
Tel. 2 67 40/4 12 08, Fax 4 12 78 ★★

Nicolas
Pension über der nördlichen Hafen-
seite, ruhige Lage, schöne Aussicht,
mit Restaurant.
Tel./Fax 2 67 40/4 13 07; 10 Zimmer

Essen und Trinken

Tselentis
Die Taverne, ein Familienbetrieb,
ist in einem traditionellen Haus von
1893 untergebracht.
Am Dorfplatz; Tel. 2 67 40/41 32 44 ★★

Vasso's (früher Faros)
Eine schöne Lage, Tische auf der Pro-
menade und gute Küche bietet diese
Taverne am Yachthafen.
Tel. 2 67 40/2 38 00 ★★

Service

Auskunft
Reisebüro Nautilus
Reisebüro und Schiffsagentur;
vermittelt Unterkunft, Ausflüge,
Schiffsreisen.
Nördl. Hafenende; Tel. 2 67 40/4 14 40

Lássi ■ B 9, S. 120

220 Einwohner

Moderner Urlaubsort in der Nähe
der Hauptstadt, mit einigen großen
Hotels, meist aber kleineren Pensionen, Apartmenthäusern und Bungalows. Zahlreiche Tavernen und
Bars prägen das Bild.

Die Strände **Platís** und **Makrís Gialós**
sind zum Baden gut geeignet. Platís
ist der südliche Strand, Makrís der
breitere nördliche mit Angeboten für
Wasserski, Jet-Ski und Drachensegeln.
Im Ort weist ein Schild vom Wasser weg zur **Höhle des hl. Gerásimos**.
Die nach ihm benannte Straße Spilai-
on Agíou Gerásimou führt in 700 m
dorthin. Vor der Höhle steht eine
kleine Kirche; in ihrem Inneren
führen vorn rechts ein paar Stufen
zur Höhle, in der er lebte, bevor er
Klostergründer wurde.
Von Argostóli regelmäßiger Busverkehr (blaue Stadtbusse) mit Halt
am Campingplatz (Leuchtturm).

Hotels/andere Unterkünfte

White Rocks
Große Hotelanlage in gepflegtem
Park, zu beiden Seiten der Straße,
dicht beim Strand Platís Gialós.
Tel. 2 67 10/2 83 32, Fax 2 87 55;
E-Mail: whiterocks@otenet.gr;
102 Zimmer, 60 Bungalows ★★★

Essen und Trinken

Makrís Jalós
Die Taverne tischt frischen Fisch und
traditionelle Küche auf. Parkplatz am
Strand.
An der Hauptstraße; Tel. 2 67 10/2 34 94
★★

Nefeli
Gute griechische Küche, gepflegte
Atmosphäre.
An der Hauptstraße; Tel. 2 67 10/2 52 03
★★

Sirtaki
Traditionelle griechische Küche.
An der Hauptstraße; Tel. 2 67 10/2 38 52 ★

Am Abend

Snoopy
Beliebte Bar und Diskothek.
An der Hauptstraße; Tel. 2 67 10/9 22 92

KEPHALONIÁ

Lixoúri
■ B 9, S. 120

3500 Einwohner

Lixoúri, zweitgrößter Ort der Insel, wurde 1953 total zerstört und relativ schmucklos wieder aufgebaut. An der Hafenstraße haben sich viele Restaurants angesiedelt. Die Uferpromenade wird gegenüber dem Fähranleger vom großen Hauptplatz unterbrochen. Hier findet man viele Cafés mit Stühlen unter Schatten spendenden Bäumen und Planen, einen Zeitungskiosk und den Taxistand.

In der klassizistischen Villa Jakovátos ist die **Volkskundesammlung** untergebracht (Mo–Sa vormittags). Aus Lixoúri stammt der Archäologe Spiridon Marinatos, international bekannt durch Grabungen auf Santorin. Nach Süden schließen sich Strände an: **Lépeda** ist zu Fuß zu erreichen, **Mégas Lákos** und **Xi** mit seinem roten Sandstrand per Bus, Fahrrad oder Moped.

Service

Hafenpolizei
Tel. 2 67 10/9 12 05

Polizei
Tel. 2 67 10/9 12 07

Melissáni-See
■ C 8, S. 118

Höhle bei Agía Ephímia, nördlich von Sámi. Hier kommt das Salzwasser, das sich bei den Meermühlen von Argostóli (→ S. 50) so unerklärlicherweise ins Land drängt, wieder zum Vorschein.

Der Höhlensee von Melissáni ist seit 1963 zugänglich. Die Decke der Höhle stürzte bereits vor 5000 Jahren ein. Das Tageslicht lässt das Wasser je nach Tiefe in verschiedenen Farben aufleuchten. Zum See gelangt man durch einen Stollen, dann besteigt man kleine Boote und wird umhergefahren. Die Nebenhöhle hat noch Tropfsteingebilde. Gezeigt wird auch die Stelle, wo das bei Argostóli in der Erde verschwundene Wasser wieder austritt.

Tgl. 8–20 Uhr; Eintritt 5 €

Mírtos
■ B 8, S. 118

Die Bucht von Mírtos gilt als eine der schönsten der Ionischen Inselgruppe. Nicht nur der helle Sand und das kristallklare Wasser machen den Reiz aus, sondern auch das ständig wechselnde Farbenspiel über unterschiedlich tiefen Stellen, das man bei der Wanderung zur Festung von Ássos (→ S. 54) nach jeder Wegbiegung in anderer Schattierung erlebt, von Hellgrün bis Tintenblau.

Die Bucht von Mírtos liegt an der Straße nach Norden, 25 km von Fiskárdo entfernt. Hoch aufragende Felsen grenzen den gut 1 km langen Strand ein, der sich zwischen dem Kap Agía Kiriakí im Süden und dem Kap Asprokávos im Norden erstreckt. Von der Straße führt ein 4 km langer Weg hinunter, zuerst asphaltiert, dann naturbelassen. Am Strand gibt es eine einfache Bar; Zimmer werden in den Nachbarorten vermietet.

Póros
■ D 9, S. 121

780 Einwohner

Beliebter Ferienort mit Hafen, schönen Stränden und reizvollem bergigem, dicht bewaldetem Hinterland, das nördlich mit dem **Atros** auf 895 m ansteigt. In Póros kommen die Fähren von Killíni auf dem Peloponnes an. Der Badebetrieb beginnt schon am Dorfplatz; zunächst Kieselstrand, geht er weiter nördlich in Sand über. Schöne Strandabschnitte findet man vor allem jenseits des Flussbettes. Noch schöner wird es an der Südecke der Insel: Die Strände bei Skála, Kamínia und Káto Kateliós sind per Boot, Bus oder Leihfahrzeug erreichbar. 3 km nördlich, in Küstennähe, erhebt sich das **Kloster Átrou** in 800 m Höhe: Von hier oben genießt man einen herrlichen Blick nach Ithaka – und unvergessliche Sonnenaufgänge.

Hotels/andere Unterkünfte

Poros Bay M
Neues Haus am Hang, schön eingerichtet, Zimmer mit Meeresblick.
Tel. 2 67 40/7 25 95, Fax 7 25 94;
20 Zimmer ★★

Essen und Trinken

Sunset
Traditionelle Familientaverne, am Hang gelegen. Inhaber Nikos Kampitzi verspricht: »bester Blick und Großvaters Wein«.
400 m vom Zentrum; Tel. 2 67 40/7 25 26
★★

Sámi ◼ C 9, S. 120

950 Einwohner

Wichtigster Hafen der Insel; Anleger für Fähren aus Italien, Ithaka und Pátras. Nach dem Erdbeben in der Ebene wurde Sámi, eine der vier antiken Städte, vor grünem, hügeligem Hinterland neu aufgebaut. Reste der Akropolis findet man auf dem Hügel 3 km östlich des heutigen Ortes (Wegweiser »Kástro«). Abends bummelt man die Uferstraße entlang.

Lohnend ist ein Ausflug zum Strand von **Antisámi** jenseits der Halbinsel Dichalía, 3 km südöstlich. Rechts, 500 m vom Weg zum Strand entfernt, das **Kloster Agrilion**. In der Nähe von Sámi sind außerdem die **Tropfsteinhöhle Drongaráti** (→ S. 54) und der **Melissáni-See** touristische »Musts« (→ S. 56).

Hotels/andere Unterkünfte

Perikles
Die große Anlage befindet sich 10 Gehminuten vom Strand entfernt in ruhiger Lage. Vermietet werden auch Apartments. Tennisplätze und Pool vorhanden.
Tel. 2 67 40/2 27 80, Fax 2 27 87;
82 Zimmer ★★

Sami Beach
2 km nördlich des Ortes bei Karavómilos am Kiesstrand; mit Pool.
Tel. 2 67 40/2 28 24, Fax 2 28 46;
49 Zimmer ★★

Camping Karavómilos
Nördlich von Sámi am Meer gelegen; Kiesstrand, schattige Stellplätze.
Tel./Fax 2 67 40/2 24 80

Skála ◼ D 10, S. 121

470 Einwohner

Freundlicher kleiner Badeort an der Südspitze von Kephaloniá. Neue Hotels und Apartmenthäuser und großzügige öffentliche Plätze bestimmen das Dorfbild. Hinweisschilder zur »Roman Villa« vom Anfang des 3. Jh. führen zur einzigen Sehenswürdigkeit. Die Villa wurde 1957 entdeckt (tgl. 9–15 Uhr).

Das Strandleben spielt sich Richtung Póros ab. Zwischen Meer und Hinterland wird hungrigen Badegästen eine reiche Auswahl an Tavernen und Bars geboten. Der Dolphin Club hält diverse Wassersportmöglichkeiten parat.

Hotels/andere Unterkünfte

Star Light Hotel
500 m landeinwärts in ruhiger Lage.
Tel. 2 67 10/8 34 36, Fax 8 34 35;
18 Zimmer ★★

Essen und Trinken

The Pines/Pines Too
Zwei traditionelle Restaurants, am Busplatz und am Wasser daneben; ordentliche griechische Küche.
★★

LEFKÁDA

Voller Stolz zeigen die Einheimischen dem Gast die Schönheiten ihrer Heimat, von der Lagune bis zu den »Liebesklippen«. Obwohl Lefkáda einst am Festland hing, fühlen sie sich als Insulaner.

Lefkáda ■ CD 5–6, S. 118/119
21 000 Einwohner

Lefkáda oder Léfkas war ursprünglich keine Insel, sondern hing mit seiner Nordspitze am griechischen Festland, wurde aber schon im 7. Jahrhundert v. Chr. durch einen Kanal davon getrennt. Die Korinther, die um 640 v. Chr. erste Kolonien gründeten, konnten auf diese Weise im Schutz der Insel am Festland entlangsegeln. Bis heute wird die Wasserstraße auf etwa 5 m Tiefe gehalten; eine Brücke stellt die Verbindung zu der Insel her.

Landschaftlich hat Lefkáda viel zu bieten: Im gebirgigen Inselinneren haben sich die Dörfer weitgehend erhalten, an den Küsten gibt es schöne Strände. Im Norden läuft die Insel flach aus, in der Lagune wird Fischzucht betrieben. Auch im Osten ist die Insel flach, ohne an Reiz zu verlieren. Vor der Ostküste haben sich Reiche wie der einstige Tankerkönig Aristoteles Onassis Privatinseln zugelegt. **Nídri**, der Onassis-Insel gegenüber, ist zum beliebten Urlaubsort geworden.

Auf Lefkáda fand man bereits Relikte aus mykenischer Zeit. Nach der byzantinischen Ära gehörte die Insel fränkischen Baronen und italienischen Adelsgeschlechtern. 1479 wurde Lefkáda schließlich von den Türken erobert. 1684 übernahm Venedig die Herrschaft.

Idyllisches Bergdorf im Inselinneren: Kariá liegt am Fuß des Zentralgebirges (→ S. 63).

Lefkáda-Stadt ◼ D 5, S. 119

6500 Einwohner

Die Hauptstadt liegt am Nordost-Ende der Insel, dort, wo sie sich ans Festland anschmiegt. Von seichten Lagunen umgeben, ist das Städtchen als lebendige Metropole reizvoll, als Urlaubsort aber weniger zu empfehlen. Der antike Ort lag 2 km südlich. Zur Sicherung der neuen Stadt wurde am Übergang zum Festland die mächtige Burg Santa Maura, griechisch **Agía Mávra**, gebaut, in der die venezianische Statthalter residierte.

Die Stadt Lefkáda macht auf den Besucher — im Gegensatz zu den Hauptorten der großen Nachbarinseln – einen ausgesprochen verträumten Eindruck. Enge, verwinkelte Gassen führen ins Zentrum. Die breiteste Straße (Odós Ioánnou Méla) ist Fußgängerzone. Der Hauptplatz, die Platía Agíou Spiridóna, erhält durch einige moderne Cafés einen fast mondänen Touch, Kneipen und Geschäfte warten hier auf Kundschaft.

An kleinen Plätzen stehen für das Land ganz untypische Kirchen: keine griechischen Kuppelkirchen, sondern kleine Gebäude mit Langhaus und separatem Glockenturm. Steinerne Glockentürme wurden immer wieder von Erdbeben niedergestreckt, die aus Metallteilen sind stabiler. Mehrere Kirchen befinden sich in Privatbesitz. Die meisten wurden von Künstlern der kretischen oder venezianischen Schule ausgemalt.

Bademöglichkeiten in der Nähe der Hauptstadt bietet die Bucht **Ágios Ioánnis** jenseits der Lagune. Vor der Brücke zum Festland stehen größere Hotels, davor eine kleine städtische Grünanlage mit den Büsten von Poeten, die auf der Insel geboren wurden: Aristotéles Valaorítis (1824–1879), Angelos Sikeliános (1884–1951) und Lefkádio Hearn (1850–1904).

Hotels/andere Unterkünfte

Byzantio
Für Preisbewusste, die Gemeinschaftsduschen in Kauf nehmen.
Odós Dörpfeld; Tel./Fax 2 64 50/2 26 29; 9 Zimmer ★

Léfkas
Ein großer »Kasten« beim Brückendamm, aber gut und komfortabel eingerichtet. Gilt als bestes Haus am Platz. Zentrale Lage.
Am Hauptplatz; Tel. 2 64 50/2 39 16, Fax 2 45 79; 93 Zimmer ★★★

Nirikos
Am Eingang zur Fußgängerzone gelegen, preiswerte Alternative. Alle Zimmer mit Dusche, Balkon und Aircondition.
Am Hauptplatz; Tel. 2 64 50/2 41 32, Fax 2 37 56; 40 Zimmer ★★

Santa Maura
Einfache, saubere Pension in einem Altstadthaus.
Odós Vlanti 2; Tel. 2 64 50/2 13 08, Fax 2 62 53; 19 Zimmer ★

Camping Kariótes-Beach
◼ D 5, S. 119
Südlich der Hauptstadt gelegen, nahe am Meer.
Tel. 2 64 50/2 35 94

Sehenswertes

Ágias Mínas
Ein gutes Beispiel für den »ionischen Barock«; die Deckengemälde stammen von Nikólaos Doxarás. Beachten Sie die wertvolle Ikonostase.
Ecke Odós Méla/Valaorítis

Ágios Nikólaos
Auch dieses Gotteshaus besitzt eine schöne geschnitzte Ikonostase. Die Decke ist mit Ölgemälden geschmückt.
In der Parallelstraße zur Fußgängerzone

LEFKÁDA

Pantokrátoras
Die Privatkirche ist im Besitz der Familie Valorítis; nebenan befindet sich das Grab des Dichters Aristotéles Valaorítis.
In der Fußgängerzone

Museen

Archäologisches Museum
Funde von der Insel, Keramik, Stelen, Waffen, Schmuck und Fotos von Dörpfelds Grabungen rund um die Ortschaft Nídri.
Kulturzentrum, Odos Sikelianou; Mo–Fr 9–13 Uhr; Eintritt 2 €

Byzantinisches Museum
Nachbyzantinische Ikonen der sieben Ionischen Inseln, frühe Buchdrucke, naive Kirchenkunst.
In der öffentlichen Bibliothek, Odós Lochagoú Rontojanníou 9; Mo–Fr 10–12 Uhr; Eintritt frei

Charamoglios-Bibliothek
Die Literatursammlung über Lefkáda besitzt 25 000 Schriften und war ursprünglich eine Privatsammlung; im Erdgeschoss moderne Kunstausstellungen.
Odós Skiadarési 20 (Seitenstraße der Fußgängerzone); Mo–Fr vormittags, Ausstellungen abends (keine regelmäßigen Zeiten); Eintritt frei

Folklore-Museum
Sitten und Gebräuche der Insel und die Lebensumstände ihrer Bewohner werden hier dokumentiert.
Odós Stefanitzi 2, Nähe Hauptstraße; tgl. 10–14 und 20–22 Uhr; Eintritt 2 €

Phonographisches Museum
Das Museum ist aus einer Privatsammlung hervorgegangen, hier werden alte Grammophone, Schallplatten etc. ausgestellt.
Nahe der Fußgängerzone; tgl. 9–13 und 18–21 Uhr; Eintritt frei

Essen und Trinken

Baloo
Café, Ouzeri, Kneipe. Kleine Gerichte als Zwischenmahlzeit.
Am Zentralplatz ★★

Karaboulias
Gemütliches Lokal direkt am Hafen mit guter ländlicher Küche.
Am Fischereihafen ★★

I Kato Brisi
Schmackhafte Tellergerichte, z. B. Fischkasserolen. Wirtin Elly berät Sie gern.
Odós Dörpfeld 11 ★★

Romantica
Das Gartenlokal serviert griechische Küche und dazu Musik von der Insel.
Odós Mitropoleos 13 ★★

Einkaufen

Wochenmarkt
Gemüse, Früchte, Wein, Schnaps vom Lande, Haushaltswaren, Souvenirs, Kleinkram.
Im Stadtzentrum, bei der Kirche Ágios Mínas; tgl. außer So 7–13 Uhr

Am Abend

To Karavi
Wie wär's mit einem Abend auf dem Musikboot? Der Sound kommt von CDs, manchmal auch Live-Konzerte.
Am Kai, gegenüber vom Busbahnhof

Service

Auskunft
Auf der Insel gibt es kein Büro des Fremdenverkehrsverbandes EOT. Auskünfte erteilt das Reisebüro **Lazarata-Tours**, Odós Skiadarési; Tel. 2 64 50/2 58 45, Fax 2 61 30; der Inhaber spricht deutsch

LEFKÁDA

Oben: Hoch über den Wassern der Lagune erhebt sich die venezianische Festung Agía Mávra (→ S. 59). Die Kanonen der Markusrepublik sind immer noch auf imaginäre Angreifer gerichtet ...

Mitte: Die Bewohner des beschaulichen Bergdorfes Póros lassen sich durch ein paar Touristen nicht beim Genuss ihres »kafedáki« stören (→ S. 65).

Unten: Pinien- und Eukalyptusstrände, Ölbaumbuchten und sanftes Meer – Nídri ist ein pulsierendes Urlaubsparadies (→ S. 64).

LEFKÁDA

Boote
Boote vermietet die Firma Sport Boat Charter, Nikos Thermos, in Nikiána (zwischen Lefkáda und Nídri), Tel. 2 64 50/9 24 31, Fax 9 26 72

Busverkehr
Busbahnhof am Bootshafen
Tel. 2 64 50/2 23 64
Verbindungen nach Athen, Aktion (mit Stopp am Flughafen Aktion/ Préveza), Préveza (Anschlussbus nach Igoumenítsa/Korfu), Nídri, Vassilikí (auch Vassilikí-Nídri), Agios Nikítas, Kariá, Thessaloniki, Patras.

Hafenamt
Tel. 2 64 50/2 23 22

Touristenpolizei
Tel. 2 64 50/2 17 13

Ziele in der Umgebung

Ágios Nikítas ■ C 5, S. 118

120 Einwohner

Idyllisches Fischerdorf an der Nordwestküste; die Badebucht wird links und rechts von Bergen begrenzt. An der Straße zum Wasser gibt es ein großes Gastronomieangebot – Ágios Nikítas ist touristisch groß im Kommen. Außer an den Wochenenden ist der Ort dennoch beschaulich. Weitere Strände: **Káthisma** (südlich) und **Pefkoúlia** (nördlich).

Hotels/andere Unterkünfte

Ágios Nikítas
Kleinere Gebäude im traditionellen Stil, 150 m bis zum Meer.
Tel. 2 64 50/9 74 60, Fax 9 74 62; www.agiosnikitas.com, E-Mail: info@agiosnikitas.com; 36 Zimmer ★★

Nefeli
Einfaches, älteres Haus, 200 m vom Meer entfernt.
Tel. 2 64 50/9 74 00, Fax 9 74 02; 16 Zimmer ★

Odyssea
Günstig zum Strand gelegen, saubere Zimmer.
Tel. 2 64 50/9 73 51, Fax 9 74 21; 31 Zimmer ★★

Essen und Trinken

Portoni
Hier arbeitet der Koch am Herd noch ganz traditionell.
Am Strand ★★

Egrimni ■ C 6, S. 118

→ S. 65, 80

Kap Doukáto ■ C 6, S. 118

Die weißen Kreidefelsen an der Südspitze von Lefkás haben der Insel den Namen gegeben (vom altgriechischen lefkos = weiß). An ihrem westlichen Ausläufer, dem Kap Doukáto, soll sich der Sage nach die Dichterin Sappho aus Liebeskummer in den Tod gestürzt haben.

Sappho wurde um 600 v. Chr. geboren und kam von der nordägäischen Insel Lesbos (Mytilíni), sie war von Beruf Erzieherin junger Frauen. Sie hatte sich in einen gewissen Phaon verliebt, der ihre Leidenschaft jedoch nicht erwiderte. Sappho suchte sich der Sage nach für ihren Freitod die höchste Klippe im ganzen Land.

Der Archäologe Dörpfeld entdeckte in der Nähe der Klippen Reste eines Apollo-Tempels. Auch die Priester des Apoll sollen hier gelegentlich ins Meer gesprungen sein: Katapontismos nannten die Alten den Mutsprung, bei dem sich findige Köpfe lebendes Großgeflügel unter den Leib geschnallt haben sollen, um den göttlichen Miesepeter Poseidon bei Laune zu halten und den Fall abzubremsen. Am bequemsten ist es, das Kap vom Ausflugsboot aus zu betrachten. Ein gutes Fotomotiv!

LEFKÁDA – MEGANÍSSI

Kariá ■ C 5, S. 118

980 Einwohner

Ursprünglichkeit wird in diesem Bergdorf groß geschrieben. Gemütlich sitzt man im Schatten riesiger Bäume, trinkt Kaffee, beobachtet die Frauen, die vor ihrer Haustür Handarbeiten anfertigen.

Die Tradition der Inseldörfer erlebt jährlich am 11. August Auferstehung: In der »lefkadischen Hochzeit« werden Brautwerbung, Zeremonien und ein Dorffest vorgeführt. Kariá ist nur über kurvige Straßen erreichbar. Endstation der Bergstraße ist weiter Richtung Süden **Enklouví**, das höchstgelegene Inseldorf (730 m).

Hotels/andere Unterkünfte

Kariá Village
Kleines Hotel mit Swimmingpool.
Tel. 2 64 50/4 10 30, Fax 6 43 01 19;
22 Zimmer ★

Museen

Volkskundemuseum
Die private Sammlung zeigt das Leben auf der Insel vom 19. Jh. bis zum Zweiten Weltkrieg.
Tgl. 8–20 Uhr; Eintritt 2 €

Káthisma ■ C 5, S. 118
→ S. 81

Kloster Phaneroménis
■ C 5, S. 118

Das Kloster ist ein beliebtes Ausflugsziel in der Nähe der Hauptstadt; schon wegen der herrlichen Aussicht auf die Stadt, den Inselnorden mit Lagune und die Brücke zum Festland. Es wurde Mitte des 17. Jh. gegründet, ist zweimal abgebrannt. Die heutigen Gebäude stammen vom Ende des 19. Jh., auch Kirche und Ikonenwand sind jüngeren Datums. In einer Kapelle rechts vorn befindet sich die besonders verehrte Ikone der Gottesmutter Phaneroménis. Der neu errichtete Zellentrakt wartet auf Mönche.

Die Umgebung des Klosters wurde Mitte unseres Jahrhunderts aufgeforstet, so dass man heute gut unter Kiefern ausruhen kann. Das Kloster liegt 4 km von Lefkáda entfernt, ist mit dem Bus nach Ágios Nikítas oder per Taxi erreichbar. Der Rückweg bergab ist gut zu Fuß zu schaffen.
Tgl. 8–14 und 16–18 Uhr; Eintritt frei

Meganíssi ■ D 6, S. 119

Meganíssi ist die größte Insel vor der Küste von Nídri. Mehrmals täglich verkehren Autofähren zu den Häfen **Spiliá** und **Vathí**. Oberhalb von Spiliá liegt das größte Dorf der Insel, **Spartochóri**. Der Weg dort hinauf ist halb so schlimm. Die Serpentinen der Straße sind für Fußgänger durch Treppen abgekürzt.

Auch zu Vathí gehört ein Dorf, **Katoméri**, allerdings 1 km entfernt. In beiden Dörfern werden Zimmer vermietet. Wer es beschaulich mag, ist hier gut aufgehoben. Tagsüber kommen Ausflügler, sie bleiben jedoch meist im Hafen.

Im südlich auslaufenden »Stachel« der Insel Meganíssi sind Höhlen zu finden, in die die Ausflugsboote hineinfahren. Einige von ihnen, zum Beispiel Papaníkoli, dienten im Zweiten Weltkrieg als U-Boot-Versteck. Einen schönen Eindruck erhält man beim Bootsausflug rund um Meganíssi ab Nídri. Die Boote fahren in die Höhlen, stoppen zum Lunch in Spiliá und zum Baden in Skorpiós.

Hotels/andere Unterkünfte

Meganíssi
Kleines Haus mit einfachen Zimmern.
Katoméri; Tel. 2 64 50/5 16 39,
Fax 5 16 39; 12 Zimmer ★

LEFKÁDA

Nídri

■ D 6, S. 119

700 Einwohner

Der bekannteste Urlaubsort Lefkádas lockt mit Hotels und Pensionen an der Hauptstraße, die parallel zum Wasser verläuft. Die Rückseiten der Unterkünfte sind, direkt an der Uferpromenade, von Tavernen, Cafés und Bars gesäumt. Am Kai legen die Dampfer zu Rundfahrten, Badetrips oder Beachparties ab. Nídris Badestellen liegen am nördlichen Ortsausgang, alle Wassersportmöglichkeiten sind vorhanden. Der einst ruhige Ort ist zum Zentrum des Tourismus geworden, besonders beliebt bei Briten, gefolgt von Deutschen und Skandinaviern.

Der Bucht sind mehrere Inseln vorgelagert. Nídri direkt gegenüber liegt **Madoúri** mit der klassizistischen Villa, in der Aristotéles Valaorítis, Inselpoet und -politiker (1824–1879), seine Gedichte schrieb. Der Eigentümer des Hauses, ein Amerikaner, kommt im Sommer als Urlauber.

Hinter Madoúri liegt **Skorpiós**, die Insel des Reeders Onassis. 40 Angestellte arbeiten noch immer für die Familie, als Wachpersonal oder Gärtner. Auf Skorpiós sind Aristóteles Onassis, seine Tochter Christina und sein Sohn Aléxandros bestattet. An einem Ministrand dürfen Ausflugsboote die Gäste für ein kurzes Bad ausladen – ansonsten heißt es »Betreten verboten!«.

Der deutsche Archäologe Wilhelm Dörpfeld hat viele Jahre in Nídri gelebt und unermüdlich versucht, seine These zu beweisen, dass Lefkáda, nicht Ithaka, die Heimat des Odysseus war. Einige allerdings unbedeutende Funde zeugen noch von seiner emsigen Tätigkeit (→ »Königsgräber«). Dörpfeld (1853–1940) besaß ein Haus an der Nordspitze der – Nídri gegenüberliegenden – Halbinsel Geni. Bei der Kirche Agía Kiriakí ist der Wissenschaftler begraben.

Hotels/andere Unterkünfte

Nidri Beach (= Nidri Akti)
Direkt am Wasser liegen zwei einfache Häuser mit sauberen Zimmern und Strandbar.
Tel. 2 64 50/9 24 00, Fax 9 21 51; 39 Zimmer ★★

Porto Galini
Diese neue Hotelanlage mit gut ausgestatteten, großen Apartments findet man an der Straße zur Hauptstadt. Der Architekt hat den Komplex terrassenförmig direkt am Meer erbaut.
Nikiána (bei Nídri); 52 Apartments; Tel. 2 64 50/9 24 31, Fax 9 26 72 ★★★

Sehenswertes

Königsgräber
Dörpfelds »Königsgräber« entpuppen sich bei näherer Betrachtung als Grundriss mehrerer Rundgräber aus der frühen Bronzezeit (2000 v. Chr.); sie liegen 500 m vom südlichen Ortsausgang entfernt, zu beiden Seiten einer Brücke. Anhaltspunkte für seine großspurige Behauptung hatte Dörpfeld nicht – er fand nicht einmal die winzigste Krone ...

Das Areal ist eingezäunt, die Gräber in traurigem Zustand.

Spaziergang

Nídris Wasserfälle sind leicht zu finden und lohnen den einstündigen Spaziergang unbedingt – es sei denn, es ist Hochsommer, denn dann sind sie weitgehend ausgetrocknet. Kurz vor dem nördlichen Ortsausgang muss man links nach Rachi einbiegen, von dort auf Schilder »Waterfalls« oder »Kataráktes« achten. Wem es zum Laufen zu heiß ist, der kommt auch mit dem Wagen ziemlich weit.

Essen und Trinken

Olive Tree
Familientradition und heimische Küche. Hausgemachtes Speiseeis.
400 m südlich vom Ort

Restaurantmeile
Am Wasser, parallel zur Dorfstraße, reiht sich ein Lokal ans andere, von Nord nach Süd hier eine empfehlenswerte Auswahl: **Flisvos** (seit 1973 mit lefkadischer und griechischer Kost im Geschäft), **Palm Tree, Panorama, El Greco, Apollo-Grill** (traditionelle Küche).

Am Abend

Sail Inn
Tanzbar mit Flair direkt am Meer.

Status
Tanz- und Cocktailbar, häufig Livemusik.
An der Hauptstraße

Service

Hafenpolizei
Tel. 2 64 50/9 52 09

Polizei
An der Hauptstraße; Tel. 2 64 50/9 52 07

Reisebüros
Die Travel-Agenturen in der Hauptstraße organisieren Unterkunft, Ausflüge, Geldwechsel, Leihwagen.

Póros ■ D 6, S. 119

250 Einwohner

An Póros fahren die meisten Urlauber vorbei, gleich hinunter zum Wasser, denn dort, beim Hafen des Ortes, kann man baden, essen und wohnen. Wer als Ausflügler hier vor Anker geht, sollte den Spaziergang ins Bergdorf mit seiner schönen Kirche nicht scheuen.

Porto Katsíki ■ C 6, S. 118

Einer der schönsten Strände der Insel, eine idyllisch gelegene Bucht vor weißen Felsen, kleinen Kaps und Felsbrocken im Meer. Porto Katsíki ist allerdings schwierig zu erreichen: Man muss zunächst an der Westküste Richtung Süden fahren, von Chortáta nach Komilió und Atháni, weiter die Richtung zum Kap einschlagen, schließlich bei der Abzweigung »Porto Katsíki« die Straße verlassen, dem Wasser zu. Der Weg ist im Sommer regelmäßig zugeparkt, so dass es besser ist, mit dem Boot von Vassilikí aus hierher zu fahren. Imbissbuden vorhanden.

Vassilikí ■ C 6, S. 118

370 Einwohner

Das Hafenstädtchen ist ein beliebter Urlaubsort geworden; nicht zu zählen sind die Stühle rund um den Bootshafen. Mit dem nach Westen angrenzenden Ort **Pónti** ist Vassilikí inzwischen fast zusammengewachsen. Dazwischen liegt der Zeltplatz. Im Órmos Vassilikís herrschen besonders günstige Windverhältnisse für Surfer, weshalb die Bucht mit den vielen bunten Segeln auf dem Wasser wie mit Schmetterlingsflügeln bedeckt scheint. Boote fahren ums Kap Doukáto zu den Stränden **Egrimni** und **Porto Katsíki** sowie nach **Agiofili**. Abends trifft man sich im Remezzo-Club an der Straße nach Pónti.

Hotels/andere Unterkünfte

Apollo
Einfaches Hotel am Hügel. Saubere Zimmer, familiär geführt.
Tel. 2 64 50/3 11 22, Fax 3 11 42;
34 Zimmer ★★

Camping Vassilikí Beach
Zwischen Straße und Strand.
Tel. 2 64 50/3 13 08

PÁXOS

Seinen Zauber hat Páxos auch durch eine größere Zahl von Freunden nicht verloren. In den Hafenorten fühlt man sich wohl, lässt sich vom Wein und der Natur verwöhnen.

Páxos

2500 Einwohner
Karte → S. 69

Páxos galt lange als Geheimtipp. Ausspannen kann man natürlich immer noch, nur nicht mehr allein – hierher kommen inzwischen mehr Gäste als auf das größere Ithaka, weil die Insel besser erreichbar ist. Nicht nur von Griechenland, auch aus Italien legen Fähren im neuen Teil des Hafens von Gáios an. Trotzdem ist die nur 19 qkm große Insel mit ihrer kleineren Schwester **Antípaxos** (ca. 6 qkm) kein Ziel für Massen. Die Zahl der Stühle entlang der »Hafenmeile« hat zwar zugenommen, aber schon in den Parallelstraßen ist es ruhig. Noch gemächlicher geht es in den Küstenorten **Lákka** im Norden und **Lóngos** im Osten der Insel zu.

Korfu und Páxos bildeten in Urzeiten eine Einheit. Der Mythologie zufolge trennte der wilde Meeresgott Poseidon sie mit einem Wurf seines Dreizacks, um auf Páxos einen Platz für Schäferstündchen mit der schönen Amphitrite zu haben. Der Dreizack ist denn auch das Symbol für Páxos.

Die Insel hat zwei Gesichter. Schroff, felsig, unnahbar zeigt sie sich von Westen. In den steilen Hän-

Quirliges Zentrum für Individualreisende: Lákka liegt im Norden der Insel in einer wunderschönen Bucht (→ S. 68).

PÁXOS – GÁIOS

gen sind Höhlen entstanden, einige so groß, dass heute Ausflugsboote hineinfahren, früher dienten sie als Versteck. Wer einen Tagesausflug von Korfu bucht, erlebt die Höhlen als erste Anlaufstation. Bei den häufigen Westwinden erfordert das Einfahren in die Höhlen enormes nautisches Geschick.

Wenn das Schiff die Südküste mit den vorgelagerten Inselchen **Kaltsionísi** und **Mongonísi** umrundet hat, tut sich der Hafen auf – ein ganz anderer, ein malerischer Anblick.

Schiffe laufen von zwei Seiten nach Gáios ein. Am neuen Anleger machen die Fähren fest, im alten Fischerhafen die Ausflugsboote. Zwei Inseln liegen wie Wellenbrecher davor. Die größere, **Ágios Nikólaos**, wurde in byzantinischer Zeit zum Schutz bei Überfällen mit einer Festung versehen. Auf der kleineren, weiter draußen liegenden Insel **Panagía** stehen der Leuchtturm und ein Marienkloster, das alljährlich am 15. August zum Wallfahrtsziel wird.

Tourismus, Fischfang und Olivenöl sind die drei Einnahmequellen der Insulaner. Oliven wachsen hier seit Jahrhunderten, rund eine Viertelmillion Bäume werden nach wie vor gepflegt. Man sagt, das auf Páxos produzierte Öl sei das beste im gesamten Mittelmeerraum.

Gáios ■ b 2

800 Einwohner

Die schönste Straße von Gáios ist die Hafenpromenade. Fischer flicken ihre Netze, reparieren das Boot. Im Sommer fahren sie Gäste zu den vorgelagerten Inseln, nach Antípaxos, zu den Stränden im Osten und den Höhlen im Westen. Dicht am Wasser steht das Denkmal für Georgios Paxinos Anemójannis. Nach dem Text der Widmung war es sein größter Wunsch, »in Freiheit mit den Brüdern« zu leben – 1821, mit 23 Jahren, starb er im Freiheitskampf.

Die Insel besitzt nicht nur fünf Taxis, sondern auch fünf kleine Schulen und eine Krankenstation. In früheren Zeiten mussten sich die Bewohner auf ihren Schutzpatron verlassen. Für Páxos ist das der hl. Charálambos, dem eine schöne Kirche geweiht ist. Da er womöglich viel zu tun hatte, wandten sich die Bewohner an verschiedene Heilige, was 63 Kirchen bezeugen. Im Jahresverlauf werden deshalb häufig Heiligenfeste gefeiert.

Von Gáios aus besteht wochentags eine Busverbindung nach Lákka und Lóngos (→ S. 68).

Hotels/andere Unterkünfte

Páxos Beach
Schöne Unterkunft in Wassernähe, im Hotel oder im Bungalow.
Tel. 2 66 20/3 22 11, Fax 3 26 95;
E-Mail: zerbas1@otenet.gr;
42 Zimmer ★★★

Páxos Club
1 km außerhalb von Gáios im Grünen, in besonders ruhiger Lage.
Mit Pool.
Tel. 2 66 20/3 24 50, Fax 3 20 97;
E-Mail: info@paxosclub.gr; 26 Apartments für 2–5 Personen ★★

Essen und Trinken

Alexandros
Fischtaverne am Hafen; auch griechische Hausmannskost.
★★

Kirki
Einheimische Küche; kleiner Gastraum an der Straße und Plätze im Garten.
Seitengasse vom Hafen ★

PÁXOS

Service

Auskunft
Die kleinen Reisebüros am Kai beraten, vermitteln Ausflüge, Fahrzeuge und Unterkunft.

Páxos Holiday Agency
Die Agentur hat den besten Überblick über die Lage am Zimmermarkt.
Am Hafen; Tel. 2 66 20/3 22 69, Fax 3 21 22; www.paxosmagic.com,
E-Mail: info@paxosmagic.com

Hafenamt
Tel. 2 66 20/3 22 59

Polizei
Tel. 2 66 20/3 22 22

Ziele in der Umgebung

Antípaxos ■ c 3

Auf dem kleinen, zu Páxos gehörenden und der »großen Schwester« südlich vorgelagerten Inselchen leben nur drei Familien. Im Sommer kommen Helfer für die Landwirtschaft hinzu. Was für Páxos der Olivenbaum, ist für Antípaxos der Weinstock: Mehrere Rebsorten versprechen einen ausgezeichneten Wein. In der Saison stehen einige Fremdenzimmer zur Verfügung. Und Stammgäste kommen zum Beispiel mit dem eigenen Boot aus Italien. Der winzige, sehr flache Hafen liegt im Osten. Von hier, von Agrapidiá, führt eine Straße ins einzige Dorf, nach Vígla.

Wer es auf eigene Faust versuchen will, sollte sich von Gáios mit dem »Wassertaxi« oder Badeboot übersetzen lassen und zunächst die Frage der Unterkunft klären. Die Buchten im Osten werden von den Ausflugsbooten aus Korfu angelaufen. Wer auf Antípaxos Station macht, muss wissen, dass auf der Insel auch am Abend keinerlei Betrieb herrscht; hier regiert die Natur.

Lákka ■ a 1

250 Einwohner

Lákka ist der zweite Hafen der Insel, an der Nordküste. Wegen der geringen Wassertiefe in der Bucht wird er nicht von Fähren angelaufen. Bizarre Sandsteinformationen rahmen den Ort mit seinen Fischerbooten ein.

Südlich von Lákka beginnen im Westen die berühmten **Höhlen** und **Grotten**, zu denen Ausflugsboote fahren. Von Nord nach Süd sind die bekanntesten Ipapánti, Kastanída, Petrití. Auch manche Felsen haben hier einen Namen: Orthólithos oder Monólithos nennt man einen aufrecht stehenden Riesen, Trípitos einen Bogen, der sich vor der Küste über einen Kanal spannt. Lákka gilt als Wassersportzentrum der Insel. Man kann hier gut surfen. Auch Tauchschulen bieten ihre Dienste an.

Bei der Fahrt von Gáios nach Lákka passiert man den kleinen Weiler **Magaziá**, in dem rechts die Straße nach Fountána abzweigt. Kurz hinter Magaziá steht ein besonders mächtiger Olivenbaum, dessen Stamm fünf Männer gerade umfassen können. Das Wahrzeichen von **Fountána** dagegen ist eine große Platane; der Ort heißt bei den alten Einwohnern deshalb auch Platanós. Der offizielle Name erinnert an eine Quelle, eine »Fontäne«, die versiegt ist. In der Nähe von Fountána befindet sich der höchste Punkt der Insel. Der 250 m hohe Berg ist nach der Kirche Ágios Isavrós benannt.

Essen und Trinken

Kafeníon Ariston
Das Traditionscafé serviert auch schmackhafte Kleinigkeiten.
★

Nautilus
Gemütliche Fischtaverne.
Am Hafen ★★

Lóngos

■ b 1

150 Einwohner

Der kleine Hafen an der Ostküste steigt von Jahr zu Jahr in der Gunst der Besucher. Beim Ort selbst kann man am winzigen Kieselstrand Levrechio ins Wasser gehen, schöner sind freilich die Badebuchten in der Umgebung, per Boot oder Moped erreichbar. Die brachliegende alte Seifenfabrik am Nordrand der Bucht soll von Engländern demnächst in eine Ferienanlage verwandelt werden. An der Fabrik vorbei, Richtung Norden, kommt man zur schönen Bucht von **Glifáda**. Den schönsten Blick auf den Hafen hat man von einem kleinen erhöhten Platz vor der Kirche Ágios Nikólaos in der Ortsmitte. Beachtenswert ferner die Zisterne, erbaut 1837 von Engländern.

Essen und Trinken

Die drei am Hafen gelegenen Tavernen **Jannis**, **Nassos** und **Vassilis** servieren griechische Gerichte und Wein von der Nachbarinsel Antípaxos: einfach, schmackhaft, preiswert.

ZÁKYNTHOS

> **»Blume des Ostens«** schwärmten die venezianischen Dogen. Trotz aller Zerstörungen erblühte Zákynthos immer wieder. Dörfer und Burgen zeugen von Lebenswillen.

Zákynthos

■ BCD 11–12, S. 120/121

40 000 Einwohner

Zákynthos, südlichste der Ionischen Inseln, ist mit 406 qkm die drittgrößte. Die Venezianer nannten sie Zante und reimten »Zante, fior' di Levante«, Blume des Ostens. Ihren griechischen Namen hat sie von Zakynthos, dem Sohn des trojanischen Königs Dardanos. Er landete um 1500 v. Chr. auf der Insel. Homer, der die Insel als Teil des Königreichs von Odysseus erwähnt, nennt sie waldreich, Plinius fruchtbar. Die Wälder haben mittlerweile Weinbergen und Olivenhainen Platz gemacht. Fruchtbar ist das 40 km lange und 20 km breite Zákynthos vor allem im Osten, während der Westen mit dem **Vrachíonas** als höchster Erhebung (758 m) kahl und gebirgig ist.

Charakteristisch für die Insel sind die Kalkklippen im Norden und Westen, die senkrecht ins Meer stürzen. Die Natur hat am Fuße der Felsen Buchten geschaffen, von denen viele nur per Boot erreichbar sind. Die bekannteste Bucht ist »To Navagó«, was »Schiffbruch« bedeutet – in der **Shipwreck Bay** liegt das Wrack eines Schmugglerschiffes.

Sanfte, weit geschwungene Badebuchten gibt es im Osten und Süden; hier lebt auch die große Wasserschildkröte Caretta-Caretta. Die Tiere kommen seit Jahrtausenden im Sommer an Land, um im weichen Sand ihre Eier abzulegen. Doch sie finden immer weniger Platz, weil sich an »ihren« Stränden mittlerweile Touristen aufhalten. Zwei Monate nach der Eiablage schlüpfen die Jungen, die in einem Wettlauf mit ihren Feinden nachts den Weg zum Wasser wagen. Sie richten sich dabei nach der Reflektion des Sternen- und Mondlichts auf dem Meer. Dutzende von erleuchteten Lokalen an der Küste irritieren sie, so dass von Jahr zu Jahr immer weniger Tiere überleben und die Caretta-Caretta inzwischen vom Aussterben bedroht ist. Naturschützern sind bereits Prügel verabreicht worden, weil sie den touristischen Betrieb stören ...

Zákynthos wurde immer wieder von Erdbeben heimgesucht. Das Beben von 1953 war das verheerendste. Die Hauptstadt mit dem unvergleichlich venezianischen Flair wurde vernichtet. Beim Wiederaufbau der Arkadenhäuser am Hafen hat man den alten Stil zumindest nachempfunden.

Zákynthos gilt als Insel der Dichter und Musiker. Als griechischer Nationaldichter wird Dionysios Sólomos (1798–1857) verehrt. Er verfasste auf Zákynthos als Teil eines großen Freiheitsepos die Nationalhymne. Sólomos benutzte für seine Werke die Sprache des Volkes anstelle der offiziellen Hochsprache. Dass dies zu Beginn des 19. Jh. revolutionär war, mag man daran erkennen, dass die Volkssprache allgemein erst 150 Jahre später eingeführt wurde, als Rundfunk und Fernsehen Debatten aus dem Parlament übertrugen und das Volk seine eigenen Abgeordneten nicht verstand.

ZÁKYNTHOS – ZÁKYNTHOS-STADT

Zákynthos-Stadt
■ D 11, S. 121

13 000 Einwohner
Stadtplan → Klappe hinten

Auch wenn die alte Stadt vom Erdbeben vernichtet wurde, entfaltet das neue Zákynthos wieder seinen Zauber. Wie ein Amphitheater schmiegt sich der Ort am Hang um den Hafen. An den Molen zu beiden Seiten machen die Fähren vom Festland und den Nachbarinseln fest. Bis zu zehn Verbindungen täglich gibt es im Sommer zum Hafen Killíni auf dem Peloponnes.

Das herrliche Panorama betrachtet man am besten am Abend vom Strani-Hügel bei **Bóchali** herab. Dort gibt es auch einige Lokale, in denen man den Königsblick »mit Leib und Seele« genießen kann.

Hotels/andere Unterkünfte

Aegli ■ b 3
Herberge für einfachste Ansprüche.
Am Hafen, neben Strada Marina; Tel. 2 69 50/2 83 17; 10 Zimmer ★

Diana 🍴 ■ b 2
Ruhiges Haus im Herzen der Stadt.
Agíou Markou/Ecke Mitropoleos;
Tel. 2 69 50/2 85 47, Fax 4 50 47; E-Mail: diana-ww.@otenet.gr; 48 Zimmer ★★

Phoenix ■ b 3
Gemütliches Haus am Solomos-Platz.
Tel. 2 69 50/4 24 19, Fax 4 50 83;
36 Zimmer ★★

Strada Marina M ■ b 4
Traditionshaus am Hafen.
Tel. 2 69 50/4 27 61, Fax 2 87 33;
112 Zimmer ★★★

Spaziergang

Wir starten unseren Erkundungsgang an der südlichen Mole, bei der Kirche des Inselpatrons, des hl. Dionysios; das Gotteshaus ist zu erkennen am venezianischen Campanile. Vorbei am Dionysios-Platz geht es zunächst

Unübersehbar venezianisch: Das griechische Hafenstädtchen Zákynthos machte italienische Geschichte.

am Wasser entlang, wo sich ein Laden an den anderen reiht. Bei der Nordmole trifft man auf das kulturelle Zentrum der Stadt, die Platía Solomoú. Am Meer erhebt sich die wieder aufgebaute Kirche **Ágios Nikólaos tou Mólou** mit quergesetztem Glockenträger.

Rechter Hand wird der Platz vom Kulturzentrum begrenzt, zum Berg hin vom **Byzantinischen Museum**. In Verlängerung der Platía landeinwärts kommen wir zum Markusplatz mit zahlreichen Cafés und Restaurants. Vor uns liegt das **Sólomos-Museum**, rechts daneben die kleine katholische Kirche.

Wir gehen parallel zum Ufer durch die Hauptgeschäftsstraße. Sie trägt verschiedene Namen, zunächst heißt sie Straße des 21. Mai. Das lang gestreckte repräsentative Gebäude rechts, zwei Straßenecken weiter, ist die Präfektur. Geradeaus kommen wir zum Turm der Himmelfahrtskirche (**Analípseos**). Auch beim kleinen Platz (Platía Agíi Saránda) mit dem Kiosk in der Mitte gehen wir geradeaus, bis die Straße sich gabelt: rechts zeigt ein Schild zum Flughafen, während wir links bleiben und gleich wieder links in die Odós Ioannis Logothétou einbiegen, um nach etwa 80 m rechts auf die Odós Lisgára zu treffen, die direkt zu einer schönen, versteckt liegenden Kirche führt, der **Phaneroménis**. Wir gehen bis zum freistehenden Turm, wenden uns dann nach links Richtung Meer. Von hier führen alle Straßen zurück zum Dionysios-Platz.
Dauer: ca. 45 Minuten

Sehenswertes

Ágios Dionysíos ■ b 6
Das hinter dem Campanile gelegene Kloster stammt aus dem 17. Jh., die Kirche von 1925. Sie überstand die Erdbebenkatastrophe von 1953, ist innen über und über mit Fresken bemalt. Rechts neben der Ikonostase befinden sich im Silbersarg die Gebeine des hl. Dionysíos. Der Sarg wird geöffnet, wenn Gläubige dem Wundertäter ihre Anliegen vortragen wollen.

Dionysíos, 1547 auf Zákynthos geboren, wurde Bischof von Ägina, verzichtete jedoch später auf das hohe Amt und kehrte als Mönch in seine Heimat zurück. Nachdem er 1624 auf den Strophaden, kleinen Nebeninseln, bestattet worden war, wurde sein nicht verwester Leichnam im Jahr 1716 nach Zákynthos geholt.

Zweimal jährlich wird der Inselheilige durch den Ort getragen: am 17. Dezember, seinem Todestag, und am 24. August, dem Tag der Rückkehr von den Strophaden.

Ágios Geórgios ■ a 1
Wer auf historischen Pfaden wandeln will, kann der kleinen Georgkirche einen Besuch abstatten. Hier legten zu Beginn des 19. Jh. die »Freunde« den Schwur zum Befreiungskampf ab. Man geht auf der Odós Filikon Richtung Bóchali, biegt hinter dem Freilichttheater links in die Agíou Georgíou Filikón ein, wo nach gut 100 m rechts das Kirchlein liegt.

Ágios Nikólaos tou Mólou ■ b 3
Die 1560 von Fischern gestiftete kleine Kirche am Sólomos-Platz stand einst im Wasser; das dazwischen liegende Land wurde jedoch im Laufe der Jahrhunderte mit dem Schutt von Erdbeben aufgefüllt. Das schöne kleine Gotteshaus besitzt eine geschnitzte Ikonostase, Decken- und Wandgemälde. Gezeigt wird auch ein Priestergewand, das Dionysíos als Priester dieser Kirche getragen hat.
Tgl. 19–22 Uhr

Alte Festung westlich ■ a 1
Den spektakulärsten Blick über die Stadt genießt man von der Festung im Vorort Bóchali. Obwohl nur 3 km entfernt, sollte man für den sehr stei-

ZÁKYNTHOS-STADT

len Aufstieg ein Taxi nehmen. Von der alten Anlage, an der Venezianer und Briten bauten, die hier Garnisonen und Arsenale unterhielten, sind noch Gebäudereste erhalten.
Tgl. außer Mo 8–20 Uhr; Eintritt 2 €

Britischer Friedhof nördlich ■ a 1
Den Friedhof findet man, wenn man die Stadt nordwärts verlässt, vom Sólomos-Platz Richtung EOT-Strandbad. Hinter dem Strand dient die rote Kuppel der Kirche Agía Triáda als Orientierungshilfe. Bei der Kirche muss man links in die Botsári-Straße einbiegen (Wegweiser »British Cemetery«), leicht rechts in die Odós Korái, die sich gabelt, weiterhin links halten. Hinter Torbögen erinnern Grabmonumente und Marmorplatten an verdiente Briten.

Panagía Phaneroménis ■ b 6
Die der Panagía (Muttergottes) Phaneroménis geweihte Kirche liegt versteckt hinter dem Dionysíos-Platz landeinwärts. Das Gebäude aus dem 15. Jh. samt freistehendem Glockenturm wurde nach dem Erdbeben wieder in Stand gesetzt. Sehenswert ist an der Fassade die Architekturgliederung der Nordwand mit Medaillons, Tor- und Fensterrahmungen.

Strani-Hügel westlich ■ a 1
In Bóchali, wo es links hinauf zur Festung geht, zweigt schräg gegenüber der Weg zum Strani-Hügel ab, dem Lieblingsplatz des griechischen Nationaldichters Dionysíos Sólomos. Direkt an der Straße befindet sich der Eingang zum Ehrenhain. An der höchsten Stelle des Strani-Hügels steht sein Denkmal. Hier entstand die Nationalhymne, aus der am Fuß des Sockels zitiert wird: »Chaire, o chaire, Eleftheria«, (»Sei gegrüßt, oh Freiheit«). Der wunderbare Blick zur Inselmitte, der sich von hier eröffnet, gehört zu den unvergesslichen Erlebnissen eines Insel-Urlaubs auf Zákynthos.

Museen

Byzantinisches Museum ■ b 3
Auf zwei Etagen werden Kunst und Kultur der Insel dokumentiert. Die Entwicklung der Ionischen Malschule ist zu verfolgen, aus zerstörten Dorfkirchen stammen Ikonen und Priestergewänder.
Platía Sólomou; Tel. 2 69 50/4 27 14; tgl. außer Mo 8–14.30 Uhr; Eintritt 3 €

Marine-Museum westlich ■ a 1
Das Marine-Museum der Ionischen Inseln, 1997 eröffnet, liegt am Wege nach Bóchali, knapp 2 km außerhalb der Stadt. Auf Zeichnungen wird die Entwicklung der Schifffahrt von der Antike an dargestellt. Die berühmtesten Kriegs- und Handelsschiffe sind zu sehen, dazu nautische Geräte, Uniformen. Auch der Freiheitskampf und die Auswanderungen per Schiff werden erläutert.
Tel. 2 69 50/2 82 49; tgl. 9–14 und 18–21.30 Uhr; Eintritt 3 €

Sólomos-Museum ■ a b 2
Im Museum des Nationaldichters Sólomos wird nicht nur an ihn, sondern auch an andere Größen des Geistes erinnert.
Platía Agíou Markou; Tel. 2 69 50/4 89 82; tgl. 9–14 Uhr; Eintritt 3 €

Essen und Trinken

Alles, was Kinder und Eilige mögen – Giros, Pommes, Salate –, und auch Wein vom Fass gibt es in zwei einfachen »Grillhouses« an der Ecke 21. Mai/ Rizospaston. ■ a 3

Giovanni ■ b 5
Einfacher Italiener mit Hafenblick.
Odós Konst. Lombardou ★★

O Zochios ■ b 3
Kleine Familientaverne mit täglich wechselndem Angebot.
Platía Metropolítou Alexíou ★

ZÁKYNTHOS

Venetsiana ■ b 2
Internationale Küche .
Platía Agíou Márkou; Tel. 2 69 50/2 37 22
★★

Am Abend

Aladdin/Alivizos nördlich ■ a 1
Livemusik, oft mit Kantades der Gegend.
Odós Kolliva (nördl. Ortsausgang nach Krionéri)

Service

Anreise
Täglich Flugverbindung mit Athen; Fährschiffe nach Killíni/Peloponnes, im Sommer auch nach Kephaloniá. Busse mehrmals wöchentlich nach Thessaloníki, mehrmals täglich nach Pátras und Athen.

Auskunft
Touristenpolizei ■ b 4
Konst. Lombárdou 62; Tel. 2 69 50/2 73 67

---

❶ MERIAN-Tipp

Herodots Pechquellen Schon Herodot beschrieb die Pechquellen von Zákynthos. Eine Quelle ist nach wie vor »in Betrieb« – sie ist beim kleinen Hafen Límni Kerioú zu finden. Kurz bevor die Fahrstraße auf die Hafenpromenade stößt, weist links ein Schild zu »Herodot's Springs«. Man geht ein kurzes Stück und steht an der mit einem Steinkranz gesäumten Quelle; ein Runddach gewährt Schatten. Wer die Probe aufs Exempel machen möchte, kann mit einem Stock im schwarzen Grund stochern – und hat sogleich weiches, vom Wasser umspültes Pech am Stecken. ■ C 12, S. 120

Im Sommer gibt es einen Auskunftspavillon am Hafen, jedoch keine Zweigstelle der EOT.

Busverkehr ■ b 4
Busbahnhof der KTEL in der Odós Filíta/Ecke Agíou Eleftheríou, Tel. 2 69 50/4 26 56. Busverbindungen auf der Insel nach Alikés, Argássi, Kalamáki, Laganás, Límni Kerioú, Skinariá/Ágios Nikólaos, Tsiliví, Vasilikós. Inselrundfahrten werden mehrmals pro Woche organisiert.

Hafenbehörde ■ b 3
Tel. 2 69 50/2 81 18

Reisebüros
An der Hafenpromenade
Cavo Grosso, Tel. 2 69 50/4 83 08
Spring Tours, Tel. 2 69 50/4 80 04

Ziele in der Umgebung

Alikés 🍴 ■ C 11, S. 120
50 Einwohner

Schöner Urlaubsort, vor allem für Familien, mit weiter Bucht. Am breiten Sandstrand geht es flach ins Wasser, für Sportler wurden Stege gebaut. Im Dorf, das durch seine Gärten bezaubert, gibt es Kinderspielplätze, einen »Kiddies Carpark« und Minigolf.

Eine Besonderheit sind die Salinen. Sehenswerte Bergdörfer in der Umgebung lohnen so manchen Ausflug.

Hotels/andere Unterkünfte

Asteria
Einfaches Haus am Wasser. Von einigen Zimmern genießt man einen schönen Blick aufs Meer.
Tel. 2 69 50/8 30 82, Fax 8 35 72;
30 Zimmer ★★

Montreal 🍴
Gut geführtes Haus in Wassernähe.
Tel. 2 69 50/83241, Fax 8 33 42;
30 Zimmer ★★

ZÁKYNTHOS-STADT – ARGÁSSI

Camping Papagos
Am Ortsrand Richtung Norden, direkt am Meer inmitten eines Olivenhains. Auch Zimmer.
Tel. 2 69 50/8 32 83

Service

Rent a Car
Tel. 2 69 50/8 36 16

Argássi ■ D 12, S. 121

430 Einwohner

Argássi, 4 km südlich der Hauptstadt an der Ostküste der Skópos-Halbinsel gelegen, ist ein beliebter Touristenort, im Sommer recht lebhaft und laut. Der Strand ist allerdings nicht breit, bietet gerade Platz für Liegen und Sonnenschirme.

Wer vom 492 m hohen Berg Skópos die fantastische Aussicht genießen will, muss einige Mühe auf sich nehmen – Taxifahrer weigern sich, bis zum Gipfel zu fahren. Die letzten 1000 m muss man laufen. Oben erwartet den Wanderer außer der weiß getünchten Kapelle der Panagía Skopiótissa und verfallenen Klostermauern nur Einsamkeit und wilde Natur.

Hotels/andere Unterkünfte

Argassi Beach
Einfaches Haus am Wasser, sauber.
Tel. 2 69 50/2 85 54, Fax 4 54 92;
33 Zimmer ★★

Chrysi Akti M
Am Strand, mit großer Terrasse.
Tel. 2 69 50/2 86 79, Fax 2 86 99;
84 Zimmer ★★

Mimoza
Haupthaus und Bungalows im Grünen, Meerseite. Eigener Tennisklub.
Tel. 2 69 50/4 25 88, Fax 4 28 44
Tennisklub Tel. 2 69 50/2 25 88;
67 Zimmer ★★

Paradise Beach
Gepflegt, mit Pool, am Wasser.
Tel. 2 69 50/2 86 79, Fax 2 86 99;
50 Zimmer ★★

The Windmill Complex
Großzügige, freundliche Hotel- und Apartmentanlage mit Pool.
Tel. 2 69 50/2 82 30, Fax 2 28 30 ★★

Essen und Trinken

Granada
Taverne mit großer Terrasse an der Hauptstraße.
★★

Venetsiana 👨‍👦
In diesem Terrassenrestaurant am Hang sind oft typische Insel-Kantades zu hören, die live gespielt werden. Noch eine Besonderheit: Hier gibt es Kinderteller, sonst in Griechenland eher die Ausnahme.
★★

Service

Ausflüge
Pelargos Tours
Tel. 2 69 50/2 24 08

Fahrzeugverleih
Olympics
Tel. 2 69 50/2 77 64
Faros
Tel. 2 69 50/2 36 65

Für Kinder
Fun Castle 👨‍👦
Spielstadt am Ortsausgang Richtung Hauptstadt (links abbiegen, 250 m; Wegweiser). Jede Menge Unterhaltung für Groß und Klein, einschließlich Pizzeria, Pool, Luna-Park;
Tel. 2 69 50/2 78 65

Ein Spielplatz mit Trampolin und »Jumping Jack« befindet sich im Ort an der Hauptstraße, ebenfalls der Minigolfplatz »Loopy Lemon« (Kinderermäßigung).

ZÁKYNTHOS

Kerí
■ C 12, S. 120

580 Einwohner

Weit im Süden von Zákynthos liegt die Halbinsel Kerí. Berühmt ist der kleine Ferienort **Límni Kerioú** aufgrund seiner seit der Antike bekannten Pechseen (→ MERIAN-Tipp S. 74). In Límni Kerioú findet man Unterkunft und Tavernen, auch gute Bademöglichkeiten. Boote werden vermietet, Ausflüge zu vorgelagerten Inseln organisiert (»Kerí Cave Tours«). Am Dorfplatz des alten Ortes Kerí herrscht noch viel ursprüngliche Atmosphäre.

Hotels/andere Unterkünfte

Caterina Studios
Nördlicher Ortsrand; Tel. 2 69 50/2 89 28, Fax 2 89 21; 10 einfache Studios ★★

Pigí Irodótou
Ruhige Pension vor der Quelle.
Tel. 2 69 50/4 87 92; 20 Zimmer ★★

Kyanoún-Höhle (Blaue Grotte)
■ C 10, S. 120

Am Nordzipfel der Insel kann man ein »blaues Wunder« erleben. In der Kyanoún-Höhle, südöstlich des Skinári-Kaps, bilden bizarre Felsen hier natürliche Bogengänge, durch die man per Boot in die Höhle eintritt. Die Wände sind wie ein Kaleidoskop – Meer und Licht formen immer neue Reflex-Bilder.
Ausflugsboote von Ágios Nikólaos, Alikés

Laganás
■ D 12, S. 121

250 Einwohner

Laganás mit seinem kilometerweiten Sandstrand, der sich bis Kalamáki zieht, ist die Touristenhochburg im Süden. Hier tobt das Leben ...

Hotels und Pensionen findet man in großer Zahl. Vor der Bucht liegen die Inseln **Marathonísi** und **Peloúzon**, eigentlich den Schildkröten vorbehalten, woran sich freilich nicht jeder sonnenhungrige Urlauber hält. Ein Ausflugsagent am Strand verspricht gar: »No turtle, money back«.

Die Bucht wird im Westen durch die kleine Insel **Ágios Sóstis** begrenzt, zu der eine Brücke führt.

Hotels/andere Unterkünfte

Etwas vom Strand und der Hauptstraße entfernt findet man einige ruhig gelegene, preiswerte Pensionen, alle Richtung Lithakiá:
Pension Dennis, Tel. 2 69 50/4 44 77
Studios Pavlos Buzikis
Tel. 2 69 70/5 15 20
Studios Ilias, Tel. 2 69 50/28 14
Pension Tasoula, Tel. 2 69 50/5 15 60
Studios Pigí, Tel. 2 69 50/5 16 97

Best Western Zante Park M
Schönes Apartmenthotel.
Tel. 2 69 50/5 23 10, Fax 5 19 49;
www.hotelzanteparkhotels.gr,
E-Mail: zantepark@zanteparkhotels.gr;
96 Zimmer ★★★

Louis Zante Beach
Große, moderne Bettenburg, direkt am Strand mit Meerblick.
Tel. 2 69 50/5 11 30, Fax 5 11 35;
www.louishotels.com,
E-Mail: zantebeach@louishotels.com;
274 Zimmer ★★

Panorama
300 m vom Zentrum, ruhig gelegen, mit Pool.
Tel. 2 69 50/5 11 44; 15 Zimmer ★

Essen und Trinken

El Greco
Taverne am Ortsrand mit typisch griechischer Küche. Von der Uferpromenade letzte Straße im Westen, hügelaufwärts, Wegweiser folgen.
Tel. 2 69 50/5 25 63 ★★

Sarakína
Restaurant mit Musik (Kantades) und griechischem Tanz. Im Ortsteil Sarakína; Pendelservice.
Tel. 2 69 50/5 16 06 ★★

Am Abend

Bars reihen sich dutzendweise an der Hauptstraße und am Wasser entlang. Empfehlenswert sind Argo, Medusa, Red Stripe, Sunrise und Zeros.

Service

Ausflüge
Pelargos Tours
Tel. 2 69 50/5 20 17

Fahrzeugverleih
Laganás Circuit Rentals
Tel. 2 69 50/5 16 87
Royal Rent a car
Tel. 2 69 50/5 13 37

Plános/Tsiliví 🍴
500 Einwohner   ■ D 11, S. 121

Vom Sandstrand der weiten Bucht geht es seicht ins Wasser. Hier finden servicegewohnte Urlauber Duschen und WCs am Strand; Wassersportmöglichkeiten gibt es genügend. Im Hintergrund breiten sich kilometerweit fruchtbare Ebenen aus. Die Bucht wird im Süden von Klippen begrenzt, im Norden vom wuchtigen venezianischen Turm.

Hotels/andere Unterkünfte

Anetis
Kleines Hotel mit Taverne, dicht am Strand.
Tel. 2 69 50/4 45 90, Fax 2 87 58; 12 Zimmer ★★

Filoxenia
Saubere Pension mit freundlicher Wirtin; unweit vom Strand, ruhig.
Tel. 2 69 50/2 24 81 ★★

KERÍ – VOLÍMES

Phoenix Beach
Gepflegtes Haus direkt am Wasser, mit Pool und Snackbar.
Tel. 2 69 50/2 24 83, Fax 2 24 87; 30 Zimmer ★★

Service

Ausflüge
Pelargos Tours, Tel. 2 69 50/2 31 84

Fahrzeugverleih
Alexandra, Tel. 2 69 50/2 39 42
Blue Bird Rentals, Tel. 2 69 50/2 73 61
Bikes Rentals, Tel. 2 69 50/2 74 47

Reitpferde
Ippokós Ómilos, Tel. 2 69 50/2 88 25

Vasilikós   ■ D 12, S. 121
200 Einwohner

Das Schild »Basilikós« (sprich: Vasilikós) steht schon am Ortsausgang von Argássi. Zu der Großgemeinde gehören reizvolle kleine Strände: An der Ostküste der Landzunge sind es **Porto Zoro** (idyllische Sandbucht), **Banana Beach** (betriebsam), **Ágios Nikólaos** (Wassersport) und **Porto Roma** (ruhig, abgelegen). Bis Porto Roma (Asphaltstraße) fahren die »Basllikós« Busse. Von der vorletzten Haltestelle sind es ein paar hundert Meter zur Westküste von **Gérakas**, einer wunderschönen weiten Bucht, wo aus Rücksicht auf die Meeresschildkröten versucht wird, den Touristenstrom zu begrenzen. Vorsicht: Auf keinen Fall auf markierte Gelege treten!

Volímes   ■ B 11, S. 120
600 Einwohner

Kleines Dorf im Norden der Insel, berühmt für seine Handarbeiten. Bunte Teppiche und Decken sind tagsüber am Straßenrand zum Kauf ausgebreitet. Es gibt nur einfache Privatzimmer, kein Hotel.

Extra: Sport und Strände

Natürlich fahren die meisten Urlauber wegen Sonne, Sand und Wasser ans Mittelmeer. Mal weißer, feinkörniger Traumstrand, mal bunte, grobe Kiesel – auf jeder Insel gibt es Möglichkeiten zum (Sonnen-)Baden.

Wandern ist eine Sportmöglichkeit, die zwar nicht von den Griechen erfunden wurde, jedoch zunehmend Verbreitung findet. Auf mehreren Inseln gibt es inzwischen Broschüren oder Bücher mit Wandertouren, oft von Zugereisten geschrieben.

Sandige Traumstrände und abwechslungsreiche Wassersportangebote gibt es auf allen Inseln. Außerdem kann man radeln, wandern, Golf spielen oder reiten.

Doch in erster Linie sind die Inseln Paradiese für Wassersportler. An den meisten Stränden kann man Tretboote mieten, auf fliegenden Bananen über die Wellen düsen, segeln, Wasserski fahren oder mit bunten Fallschirmen durch die Luft schweben. Surf- und Tauchschulen bieten überall ihre Dienste an.

Tennisplätze gehören fast überall zum Standardangebot, und vielerorts haben sich Reitschulen etabliert. Die britische Tradition manifestiert sich im Golf- und im Cricketspiel; Letzteres wird mittwochs und sonntags in Korfu-Stadt zelebriert.

Golf

Einen 18-Loch-Golfplatz findet man auf Korfu im Ropa-Tal in der Nähe

von Ermónes. Er wurde vom Schweizer Architekten Donald Harradine angelegt. Auskunft:
Corfu Golf Club ■ D 2, S. 117
Ropa Valley, Postfach 71, GR 49100 Korfu; Tel./Fax 2 66 10/9 42 20; www.corfugolfclub.com; E-Mail: cfugolf@hol.gr

Go-Kart

Korfu ■ C 1, S. 116
Sidári, Nähe Hauptstr.; Tel. 2 66 30/9 51 32

Kephaloniá ■ B 9, S. 120
Go-Kart-Bahn bei Lássi, nördl. Ortsausgang.
Tel. 2 67 10/2 49 13

Radwandern

Korfu
The Bike Shop ■ D 2, S. 117
Radtouren, in Kleingruppen.
Dassiá/Korfu; Tel. 2 66 10/4 58 22, Fax 9 75 97

Einer der beiden Strände von Paleokastrítsa (→ S. 80).

Reiten

Korfu
The Rider's Club ■ D 2, S. 117
Ano Korakiána bei Dassiá;
Tel./Fax 2 66 10/9 40 53

Zákynthos ■ D 11, S. 121
Ippokós Omilos, Tsiliví; Tel. 2 69 50/2 88 25

Tauchen

Korfu
Odyssey Divers ■ D 3, S. 117
Tauchclub in Vátos.
Tel./Fax 2 66 10/9 40 53

Tennis

Korfu ■ c 3, Klappe hinten
Corfu Tennis Club
Odós Romanou 4 (Nähe EOT-Zentrale); Tel. 2 66 10/3 70 21

Wandern

Achten Sie bei allen Touren auf festes Schuhwerk, Sonnenschutz, lange Hosen (Kratzwunden!) und ausreichend Wasser!

Korfu
Ausgearbeitete Touren finden Sie in »Corfu Walks« von Hilary Whitton Paipeti (zwei Bände); im örtlichen Buchhandel, pro Band ca. 8 €
(nur in englischer Sprache).

Ithaka
»Wanderwege in Ithaka«, Faltblatt in Deutsch, kostenlos bei den örtlichen Informationsstellen (→ S. 46).

Kephaloniá
»The Way to Go« heißt eine englischsprachige Heftreihe mit ausgearbeiteten Wanderungen, im Buchhandel für 3,50 € pro Heft erhältlich. »Wanderwege in Kephaloniá«, ein Faltblatt in deutscher Sprache, kostenlos beim EOT (→ S. 52).

Extra: Sport und Strände

Strände

Korfu

Acharávi 🕴️🕴️ ■ D 1, S. 117
Kilometerlanger Sand- und Kieselstrand in der Bucht von Róda.

Benítzes ■ D 3, S. 117
Schmaler Strand im touristischen Zentrum an der Südostküste, viele Sportmöglichkeiten.

Dassiá ■ D 2, S. 117
Der Sand/Kieselstrand ist schmal, aber lang, großes Freizeitangebot.

Diapontische Inseln ■ AB 1–2, S. 116
Die Inseln nördlich von Korfu – Erikoússa, Mathráki und Othóni – haben schöne Strände; insbesondere im Süden von Erikoússa badet man in reizvoller Umgebung.

Ermónes ■ C 3, S. 116
Beliebter Sand-/Kieselstrand im Westen, viele Wassersportmöglichkeiten.

Glifáda ■ D 3, S. 117
Sandstrand in schöner Bucht im Westen, Golfplatz 5 km entfernt.

Ipsos ■ D 2, S. 117
Lange Bucht mit Kiesel- und Sandstränden.

Kassiópi ■ D 1, S. 117
Kleine Strände mit Ruhemöglichkeiten auf Terrassen am Hang.

Kávos ■ F 4, S. 117
Langer, schmaler Strand im Süden, touristisch voll erschlossen.

Mirtiótissa ■ D 3, S. 117
Besonders schöner Strand am felsigen Westufer. FKK möglich.

Paleokastrítsa ■ C 2, S. 116
Zwei Sandstrände im Ort, Boote fahren zu weiteren Stränden in den Felsbuchten.

Róda 🕴️🕴️ ■ D 1, S. 117
Buntes Strandleben im Norden, Wassersportzentrum.

Sidári ■ C 1, S. 116
Flacher Strand, im Westen bizarre Sandsteingebilde.

Vitaládes 🕴️🕴️ ■ D 3, S. 117
Paradies für Kinder, seichtes Wasser und feiner Sand.

Ithaka

Gidáki, Filiatró ■ D 8, S. 119
Sand-/Kieselstrände, Boote verkehren ab Vathí.

Loutsá 🕴️🕴️ ■ D 8, S. 119
Sandstrand in Nähe des Hauptortes Vathí, zu Fuß erreichbar.

Kephaloniá

Lássi 🕴️🕴️ ■ B 9, S. 120
Moderner Urlaubsort mit den Stränden Platís und Makrís Gialós.

Lixoúri ■ B 9, S. 120
Strände bei Lépada, Megas Lákos und Xi, letzterer mit rotem Sand.

Mírtos ■ B 8, S. 118
Spektakulärster Strand der Insel, prachtvolles Farbenspiel im Wasser; ebenfalls beliebt ist die Nachbarbucht Agía Kiriakí.

Skála ■ D 10, S. 121
Weite Sandstrände mit verschiedenen Wassersportmöglichkeiten.

Lefkáda

Egrimni ■ C 6, S. 118
Langer Sandstrand im Südwesten, das letzte Wegstück muss zu Fuß bewältigt werden.

Káthisma ■ C 5, S. 118
Weiter Sandstrand nahe dem aufstrebenden Urlaubsort Ágios Nikítas an der Westküste, gut erreichbar.

Nídri ■ D 6, S. 119
Weite Sand-/Kieselstrände vor dem bekannten Urlaubsort.

Porto Katsíki ■ C 6, S. 118
Idyllische Sandbucht im Süden, per Boot ab Vassilikí zu erreichen.

Páxos ■ b 2, S. 69
Einen kleinen Badestrand gibt es bei Gáios. Boote fahren zu den Kieselsträndern von Antípaxos.

Zákynthos ■ b 1, Klappe hinten
Der EOT-Strand in der Hauptstadt, nördlich der Hafenbucht, ist ein Sandstreifen mit Aufsicht.

Argássi ■ D 12, S. 121
Beliebter Sandstrand ebenfalls in Hauptstadtnähe (südlich).

Gérakas ■ D 12, S. 121
Schöne weite Sandbucht. Vorsicht: Schildkrötenbrutplatz!

Laganás ■ D 12, S. 121
Kilometerweiter Sandstrand im Süden, touristisch voll erschlossen.

Shipwreck Bay ■ B 11, S. 120
Wer an einer Schiffsrundfahrt, beispielsweise vom Hafen an der Westküste ausgehend, teilnimmt, macht in der Regel einen Stopp in der spektakulärsten Bucht von Zákynthos. In den feinen Sand hat sich das Wrack eines Frachters eingegraben, der einst in einer Sturmnacht hier angetrieben wurde. Die Bucht ist von hoch aufragenden schneeweißen Felsen umgeben – ein berühmtes Fotomotiv. Man kann herrlich baden an diesem feinsandigen Strand, der vom Land aus nicht zugänglich ist. Boote verkehren auch vom kleinen Hafen Vromi aus.

Vasilikós ■ D 12, S. 121
Landzunge im Süden mit den Stränden Porto Zoro (Sandbucht), Banana Beach (Sandbucht, viel Betrieb), Porto Roma (einsam, schmal).

Surfen kann man in fast allen Ferienorten.

Extra: Korfu mit Kindern

Eine Grundsatzfrage muss man jedoch vorab zu Hause klären: Sind die Kleinen groß genug, um den Sommer im heißen Süden wirklich zu genießen? Babys und Kleinkinder leiden vor allem im Juli und August oft furchtbar unter der Hitze. Mittags ist es draußen und drinnen zu heiß. Auch abends müssen die Eltern es sich abschminken, die Kleinen zwischen 19 und 20 Uhr ins Bett bringen und dann ausgehen zu können. Das klappt nicht, weil es noch hell, zu warm und zu laut ist.

Griechische Kinder spielen abends lange draußen. Zunächst löst das bei Urlaubern häufig Kopfschütteln aus, weil die Kleinen selbst im Dunkeln noch auf öffentlichen Plätzen spielen, mit dem Roller oder Fahrrad umhersausen. Aber die Temperaturen sind nun angenehm, und den nötigen Schlaf holen sich die Buben und Mädchen zu anderen Zeiten.

Kleine Könige: Nicht nur die eigenen Kinder, auch die jüngsten Urlaubsgäste werden in Griechenland nach Strich und Faden verwöhnt. Der Nachwuchs darf sich hier richtig austoben.

Spielplätze wie bei uns mit Klettergeräten, Schaukeln oder Sandkisten gibt es kaum. Der schönste Aufenthaltsort ist ohnehin der Strand. Auf fast allen Inseln sind flache Sandstrände zu finden, die Gefahren also gering. Seeigel, in die man treten könnte, gibt es nur auf felsigem Untergrund. Allerdings emp-

fehlen sich trotzdem Badeschuhe, da der Sand glühend heiß wird und manchmal durch Scherben verunreinigt ist. Wegen der grellen Sonne sollten Kinder unbedingt eine Kopfbedeckung tragen. Ein leichtes Hemd ist ebenfalls zu empfehlen, um Verbrennungen zu verhindern. Sonnencreme allein reicht zumindest in den ersten Tagen nicht aus!

Neben dem Baden und dem Sammeln von Muscheln finden die meisten Kinder auch **Bootstouren** aufregend. Es gibt Glasbodenboote, die es ermöglichen, die Unterwasserwelt zu bewundern. Inselrundfahrten werden von Badestopps unterbrochen. In großen Höhlen, durch die das Schiff tuckert, fühlen Kinder sich an Abenteuergeschichten erinnert.

Im Restaurant gibt es kaum spezielle Angebote für den Nachwuchs. Allerdings stellt der Wirt jedem einen Teller hin, und die Kleinen können sich von zwei oder drei Hauptgerichten, die mitten auf dem Tisch stehen, bedienen – eine Art der Verpflegung, die Kindern in aller Regel sehr zusagt. Spaß macht es auch, in traditionell geführten Tavernen in der Küche in die großen Töpfe gucken und beim Aussuchen helfen zu können.

Wer pauschal auf die Ionischen Inseln reist, kann schon im Katalog eine Unterkunft mit Kinderbett(en) aussuchen. Individualreisenden mit Kindern stellt der Vermieter auf Wunsch ein Zusatzbett oder eine Liege ins Doppelzimmer.

Ideal für den Familienurlaub sind Apartments, weil man mehr Platz hat und nicht an feste Essenszeiten gebunden ist. Einige große Hotels auf Korfu bieten Babysitter und oft fantasievolle Kinderprogramme, die die Eltern entlasten.

Der schönste Spielplatz ist am Wasser: An den wellenarmen Badebuchten macht das Planschen Spaß.

❶ MERIAN-Tipp

Das Aqualand ist eine neue Attraktion auf Korfu, ein Wasservergnügungspark für groß und klein. Tagestouren werden von allen Touristenorten angeboten. Für Kinder ist die Anlage mit ihren Rutschen und Rampen, mit ruhigen und wirbeligen Pools, normalen und »verrückten« Flüssen ein Paradies. Aqualand liegt im Inselinneren, an der Straße von Korfu-Stadt nach Glifáda, im Ort Agios Ioánnis. Linienbusse aus Korfu-Stadt. Auskunft unter Tel. 0 66 10/5 29 63
■ D 3, S. 117
Eine ähnliche Einrichtung gibt es in Acharávi, Hydropolis, Tel. 2 66 30/6 47 00 ■ D 1, S. 117

ROUTEN UND TOUREN

Das reizvolle Hinterland der
Ferienorte lässt sich natürlich organisiert erkunden. Noch schöner ist der private Ausflug, per Auto oder zu Fuß.

Sein Name bedeutet »Herrscher der Welt«: Der Berg Pantokrátor ist mit 906 Metern die höchste Erhebung Korfus. Der Blick von seinem Gipfel ist grandios.

MIT DEM AUTO

Korfus Norden

Eine Reise durch unendlich scheinende Olivenhaine, zu Badebuchten und mondänen Bädern bietet die Fahrt in Korfus Norden.

Korfu-Stadt

Wir verlassen Korfu-Stadt beim Hafen Richtung Norden, stoßen nach dem Überqueren des Flusses **Potamós** auf die große Badebucht, die bis Nissáki reicht. Im Fluss soll einst die Nymphe Kérkyra gebadet haben, die Tochter des Flussgottes Asopos, die der Insel ihren griechischen Namen gab. Von Poseidon empfing Kérkyra einen Sohn: Phäax, Stammvater der Phäaken, die Odysseus halfen.

7 km

Landschaftliches Kaleidoskop

Kontokáli

2 km

Gouviá

Auf dem Weg durch den Norden passiert man auch die idyllische Bucht von Kalámi.

Kontokáli, der erste Ort, verdankt seinen Namen einem korfiotischen Seefahrer: Christophoros Kontokáli, der Teilnehmer mehrerer Schlachten des 16. Jahrhunderts war. Die folgende Bucht von **Gouvion** wird von zwei Landzungen eingerahmt. **Gouviá** mit seinem riesigen Yachthafen ist einer der ältesten Urlaubsorte auf Korfu. **Koméni, Daphníla, Dassiá** folgen (bis Dassiá verkehrt übrigens der Stadtbus Nr. 7). **Ípsos, Pirgí, Barbáti** und

MIT DEM AUTO

Nissáki schließen sich an. Landschaftlich ist die Strecke abwechslungsreich – links Olivenhaine, dahinter das Bergmassiv des **Pantokrátor**, rechts Steilküstenabschnitte, Badebuchten und Häfen. Je weiter man sich von Korfu-Stadt entfernt, desto ruhiger werden die Badeorte.

Das Bild ändert sich in **Kassiópi**. Aus dem alten Fischerdorf im Norden ist längst ein quirliger Urlaubsort geworden. Über dem Hafen erheben sich Reste einer alten Burg. An den kleinen Stränden unterhalb der Burg wurden terrassenartige Liegeplätze angelegt.

Familienferien wie aus dem Bilderbuch

Wir setzen die Fahrt auf der neuen Straße fort, die Kassiópi mit den Badeorten weiter westlich verbindet: Acharávi, Róda und Sidári. 13 Kilometer lang ist die Bucht von **Róda**, wegen des flachen Sandstrandes bei Familien ausgesprochen beliebt. An dieser Bucht liegt auch **Acharávi**, ein Ort, der weite Flächen der Ebene bedeckt, weil hier ein Aufenthalt im Bungalow die meistgewählte Art der Unterkunft darstellt.

Sidári, noch weiter westlich gelegen, ist wegen seiner Naturschönheiten am Wasser berühmt. Das Meer hat den welchen Sandstein ausgehöhlt und bizarre Felsen entstehen lassen. Durch Abbrüche bei Winterstürmen verändert die Küste ihr Gesicht. Jenseits des flachen Hinterlandes erhebt sich der höchste Berg Korfus, der **Pantokrátor** (906 Meter).

Für die Rückfahrt nach Korfu-Stadt wählen wir die Route durchs Inselinnere. Von Róda oder Sidári führt der Weg nach **Karoussádes**, dann über **Chorepískopi, Troumbéttas, Skriperó** und **Skómbou** nach Korfu. Bis Troumbéttas steigt die Straße an, danach geht es wieder abwärts. Beim Durchfahren der schönen alten Bergdörfer sollten Sie gut aufpassen: Die Straßen sind sehr eng!

Dauer: Tagesausflug; **Karte:** → S. 116/117

○ **Gouviá**
12 km
○ **Nissáki**

9 km

○ **Kassiópi**

11 km

○ **Acharávi**

10 km

○ **Sidári**

5 km

○ **Karoussádes**

28 km

○ **Korfu-Stadt**

MIT DEM AUTO

Korfus Süden

Kontraste beherrschen den Süden Korfus: Am Wasser herrscht quirliger Betrieb, in den Dörfern erlebt man noch Ruhe und Beschaulichkeit.

Korfu-Stadt ○
7 km
Pérama ○

2 km

Achilleion ✳

2 km

Die Südostküste beginnt gleich am südlichen Rand von Korfu-Stadt. Mit dem Wagen muss man jedoch den Flugplatz umfahren, bei Vrióni links zur Küste abbiegen, die man bei **Pérama** erreicht. Viele Badebuchten hier in dieser Region sind nur klein, von Hängen oder Felsen unterbrochen. Hinter Pérama wundert man sich über Tavernen-Namen wie »Kaiser's Bridge«: Schauen Sie sich doch mal am Ufer um – der Anleger für die Yacht von Kaiser Wilhelm ist noch zu sehen. Hoch darüber liegt das **Achilleion**, erst Sisis Fluchtort und später Wilhelms Frühlingsresidenz. Besonders sehenswert ist in diesem ehemaligen kaiserlichen Refugium der wunderschön angelegte Park mit altem Baumbestand.

Benítzes ○
7 km
Messongí ○
2 km
Vragkaniótika ○

23 km

Benítzes ist ein lebhaftes Urlaubszentrum an der Südostküste; bis hierher fährt auch der Stadtbus Nr. 6. Badeorte wie **Moraitika** und **Messongí** schließen sich an. Über Argirádes, Perivóli und Lefkimi geht es Richtung Kávos. Hinter **Vragkaniótika** ist das westliche Meer zu sehen. Die Straße führt in der Nähe der großen westlichen Lagune, dem salzhaltigen **Koríssion-See**, vorbei, an dem sich der einzige Zedernhain der Insel befindet. Er ist zum Baden nicht geeignet.

Kávos ○

Endpunkt der Reise ist **Kávos**, der beliebteste korfiotische Badeort junger Briten; mit Trubel und Abwechslung bis in die Morgenstunden. Für Ruhebedürftige ist das gewiss nicht der richtige Ort – ein Kurzbesuch allerdings lohnt sich schon wegen der stillen, noch sehr »griechischen« Dörfer unterwegs, zum Beispiel Argirádes.

Dauer: Tagesausflug; **Karte:** → S. 117

MIT DEM AUTO

Korfus Westküste

Rau und felsig präsentiert sich der Westen der Insel. Den Buchten verleiht dieser Rahmen jedoch einen ganz besonderen Reiz.

Anders als an der Nord- und Ostküste gibt es im Westen Korfus keine durchgehende Straße. Berge trennen die einzelnen Buchten voneinander. Kleine vorgelagerte Felseneilande, pittoreske Steinformationen verstärken den Zauber. Mit dem Auto kann man von Korfu-Stadt in reizvoller Landschaftsfahrt nach **Paleokastrítsa** gelangen – man berührt dabei die Orte **Alépou, Ágias Vlassis** und **Vassiliká**. Das Dorf Paleokastrítsa mit seinen beiden Badebuchten gilt als besonders schöner Urlaubsort. Hier lohnt auch der Besuch des Marienklosters am Berghang oberhalb der Bucht.

Wer die Gegend von noch höherer Warte betrachten will, muss drei Kilometer zurückfahren, um links nach **Lákones** abzubiegen. Vom »Balkon der Westküste« bietet sich eine wahrhaft herrliche Aussicht. Weite Abschnitte der Küste kann man von der Burg **Angelokastro** einsehen.

Der Rückweg ab Paleokastrítsa führt uns weiter an der Westküste entlang. Wir halten uns rechts und kommen über Kanakádes, Mármaro und Giannádes zur Bucht von **Ermónes**, wo sich wiederum eine Badegelegenheit ergibt. Die nächste Bucht Richtung Süden, **Mirtiótissa**, ist mit dem Wagen schlecht zu erreichen, was für **Glifáda**, ein Stück weiter südlich, nicht gilt. Seine »Golden Beach« ist der wohl beliebteste Sandstrand im Westen der Insel.

Eine Pause könnten Sie im Bergdorf **Pélekas** einlegen; hier bietet sich der Besuch von »Kaisers Thron« an. Über **Agía Triáda** gelangen Sie anschließend wieder zurück in die Stadt.

○ **Korfu-Stadt**
22 km
○ **Paleokastrítsa**

5 km

○ **Lákones**

13 km

○ **Ermónes**
4 km
○ **Glifáda**
2 km
○ **Pélekas**
11 km
○ **Korfu-Stadt**

Dauer: Tagesausflug; **Karte:** → S. 116/117

ZU FUSS

Kanóni und Mon Repos

Auf historischen Pfaden wandelt man beim Besuch der Gartenstadt und des berühmten Schlosses dicht bei Korfu-Stadt.

Kanóni ist ein Muss für jeden Korfu-Besucher.

Man kann das Ziel in gut eineinhalb Stunden zu Fuß erreichen; einfacher ist es aber, die Hinfahrt mit dem Stadtbus Nr. 2 zu bewältigen und anschließend zurückzuwandern und dabei einen Aufenthalt in Mon Repos einzuplanen. Die Buslinie 2 (ab Sanrókko-Platz, Korfu-Stadt) endet auf der Höhe von Kanóni. Von hier überblickt man die gesamte Lagune und die Insel.

Südlich der Landebahn des Flughafens, der in das Idyll der Lagune Chalikiópoulou hineingebaut wurde, erkennt man attraktive Ausflugsziele: das malerische Kloster der **Panagía Vlachérna** und dahinter die so genannte **Mäuseinsel**. Das Kloster ist über einen Damm zu Fuß zu erreichen; dazu müssen Sie den Zickzackweg im Wald hinuntergehen. Die Klosterkirche auf der Insel kann besichtigt werden.

Die Mäuseinsel soll das versteinerte Schiff sein, auf dem Odysseus in seine Heimat zurückkehrte.

Geheimnisumwittert liegt ein Stück weiter südlich die Mäuseinsel, **Pontikonísi**, mit kleiner Kapelle unter Zypressen. Dorthin kann man nur per Boot gelangen, vom Klosterdamm aus.

Wem es zum Laufen zu heiß ist, der kann am Parkeingang auch auf den Bus Nr. 2 warten.

Wir treten unseren Rückweg von der Höhe zu Fuß an, immer der Straße Richtung Stadt folgend. Man gelangt so zwischen Villen und Gärten hindurch nach einem Kilometer zu den archäologischen Stätten von **Paleópolis**, wo noch immer gegraben wird. Gleich daneben beginnt der umfriedete Park des Schlösschens **Mon Repos**. Im Gelände dahinter sind noch antike Tempelreste zu sehen. Durch den schönen Vorort Anemómylos gelangen wir zur Garitsa-Bucht und zur Stadt.

Dauer: etwa 4 Stunden (ohne Busfahrt);
Karte: → S. 117 ■ D 3

MIT DEM AUTO

Kephaloniás Süden

Unvergessliche Naturschönheiten und ein paar kleine »Geheimnisse« säumen bei dieser Tour Ihren Weg.

Wir verlassen die Hauptstadt **Argostóli** Richtung Südosten auf der Straße nach Skála. Nach acht Kilometern, bei Peratáta, besteht die Möglichkeit, zur Burg **Ágios Geórgios** hochzufahren, an deren Fuß sich bis zur Venezianerzeit die Hauptstadt Kástro befand. Bei Peratáta liegt auch das Kloster **Ágios Andréas**, in dessen alter Kirche nach dem Erdbeben 1953 ein byzantinisches Museum eingerichtet wurde. Ikonen, Bischofsgewänder, Bischofsstäbe und kirchliche Kunst aus anderen zerstörten Gotteshäusern sind hier zu sehen. Nonnen verkaufen auf dem Klostergelände ihre Handarbeiten. In der neuen Kirche befindet sich als Reliquie eine Ferse des hl. Andreas.

Literaturfreunde zieht es nach **Metaxáta**, wo der englische Dichter Lord Byron 1823 einige Monate lang lebte. Ein Gedenkstein erinnert an den Aufenthalt des Philhellenen.

Die Straße führt in einigem Abstand zum Meer durch schöne Dörfer. Rechts blickt man über fruchtbare Ebenen hinüber zu den Stränden, links hinauf zum Énos. Auf Terrassen am Hang liegt **Vlacháta**; zum zugehörigen Strand folgt man dem Schild »Vlachata Beach«. Auf einem Plateau über dem Meer thront **Lourdáta**, ein Ort im Grünen, der frisches Quellwasser vom Énos bekommt. Der Waschplatz wird noch heute genutzt. **Simonáta** ist ein weiteres schönes Hangdorf.

Hinter Plateiés teilt sich die Straße. Unser Weg führt rechts weiter in der Nähe des Ufers zu den Stränden im Süden, bei Káto Kateliós und über Ratzaklí nach **Skála**. Von dort könnten wir vorbei an fast einsamen Buchten bis zum Hafen Póros fahren, doch wir erreichen ihn besser auf der Straße durchs Land über Markópoulos, Ágios Geórgios, Agía Iríni und Tzanáta.

○ **Argostóli**
7 km
○ **Peratáta**

2 km

○ **Metaxáta**

7 km

○ **Vlacháta**

2 km

○ **Simonáta**
4 km
○ **Plateiés**
13 km
○ **Skála**

14 km

○ **Markópoulos**

MIT DEM AUTO

Markópoulos	
11 km	
Póros	
7 km	
Ávithos	
12 km	
Drongaráti	
17 km	
Énos	
18 km	
Razáta	
2 km	
Agía Varvára	
2 km	
Argostóli	

Zu **Markópoulos** gehört eine wundersame Geschichte: Jedes Jahr am 15. August, so will es die Legende, kommen kleine Schlangen, die das Zeichen des Kreuzes auf dem Kopf tragen, ins Dorf und kriechen durch die Marienkirche von Agrínia. Die Dorfbewohner bestätigen die Geschichte – ein klein wenig ausgeschmückt. Wahr ist, dass Mitte August zur Paarungszeit eine bestimmte Natternart aus ihren Verstecken kommt. Die Einheimischen nehmen dann die harmlosen Tiere und tragen sie in ihre Kirche. 1942 sollen sie dem Dorf ferngeblieben sein – und die deutsche Wehrmacht besetzte die Insel. Auch im Erdbebenjahr 1953 hat man die Nattern vermisst. Dazu muss allerdings gesagt werden, dass die Erdstöße am 12. August erfolgten. Wahrscheinlich hat das die Tiere erschreckt.

Von **Póros** aus fahren wir nordwärts, durch eine »Pforte«, die von haushohen Felswänden freigelassen wird. Sechs Kilometer hinter Tzanáta liegt bei Ágios Nikólaos der so genannte »unendliche See«, der **Ávithos**, dessen Tiefe bis heute niemand feststellen konnte. Wir fahren weiter durch eine herrliche Berglandschaft bis Zerváta und Grizáta, um dann links Richtung Argostóli einzubiegen. An der Kreuzung davor führt der Weg rechts zur Höhle von **Drongaráti**. Etwa acht Kilometer hinter der Kreuzung zweigt links der Weg zum höchsten Gipfel ab, dem 1628 Meter hohen **Énos**. Der Weg ist bis zur Radarstation gut befahrbar, wird dann jedoch schlechter. Das letzte Stück sollte man zu Fuß gehen.

Nach dem Rundblick vom Gipfel setzen wir die Fahrt über Frangáta und Razáta fort. Kurz vor der Bucht von Argostóli liegt unterhalb einer engen Brücke die Kirche **Agía Varvára**, vor vielen Jahren zum Dank für das Überleben eines Kindes beim Sturz in die Schlucht erbaut. Von **Drapáno** aus können Sie die Brücke benutzen, die am Obelisken vorbei in die Hauptstadt zurückführt.

Dauer: Tagesausflug; **Karte:** → S. 120/121

MIT DEM AUTO

Kephaloniás Norden

Grüne Gebirgsregionen mit schmucken Dörfern, ein Höhlensee und eine Tropfsteinhöhle – eine Tour voller Highlights.

Von Argostóli fahren wir über die Brücke nach Drapáno, dann links die Bucht entlang. **Fársa**, das nächste Bergdorf, steht erst seit 1953 an jetziger Stelle, die Ruinen des alten Ortes sieht man höher am Berg. Noch weitere typische Bergdörfer säumen die Straße.

Bei **Angónas** erreichen wir den Golf von Míros; der nächste Strand heißt **Agía Kiriakís**. Sechs Kilometer weiter öffnet sich die immer wieder fotografierte **Míros Beach**, zu der sich ein ziemlich holpriger Weg hinunterschlängelt (vier Kilometer). Hinter Anomeriá führt die Straße dicht an der Bucht mit dem wunderbaren Farbenspiel des Wassers vorbei. Links zweigt die Straße nach **Ássos** ab, einem der schönsten Orte im Norden. Die Auffahrt zur Burg ist auf Schotterpisten zwar möglich; man wird den Wagen oben jedoch kaum parken können – die zwei Kilometer lange Strecke empfiehlt sich folglich als Spaziergang. Weiter geht es Richtung Norden nach **Fiskárdo**, das das verheerende Erdbeben vor fast 50 Jahren heil überstand. Bis **Sinori** sollten Sie dieselbe Strecke zurückfahren, dann links nach **Agía Ephimía** abbiegen. Der kleine Hafen atmet Beschaulichkeit.

Kurz vor Sámi erwartet Sie der berühmte Höhlensee **Melissáni**. **Sámi** ist der bedeutendste Fährhafen der Insel, touristisch durchorganisiert. Hier nehmen wir den Weg durch die Berge und fahren quer über die Insel wieder nach Argostóli. Vier Kilometer von Sámi entfernt folgt rechts die Tropfsteinhöhle von **Drongaráti**. Der Abstecher zum Énos ist auch von hier aus möglich, falls Sie den Berg noch nicht kennen (→ S. 48).

○ **Argostóli**
8 km
○ **Fársa**

11 km

○ **Angónas**
8 km
✴ **Míros Beach**

5 km

○ **Ássos**

17 km

○ **Fiskárdo**
26 km
○ **Agía Ephimía**

9 km

○ **Sámi**

3 km

✴ **Drongaráti**
16 km
○ **Argostóli**

Dauer: Tagesausflug; **Karte:** → S. 118, 120

MIT DEM AUTO

Inselrundfahrt auf Zákynthos

Die italienischste aller griechischen Inseln verzaubert mit archaischen Klöstern, viel Grün und traumhaften Stränden. Nicht zu vergessen die Blaue Grotte!

Zákynthos-Stadt

11 km

Macherádo

7 km

Wir verlassen Zákynthos-Stadt Richtung Süden, biegen am Ortsausgang beim Fluss rechts ab und fahren ein Stück Richtung Flughafen und Volímes. Der Airport bleibt links liegen, weiter geht es rechts über **Danáto** nach **Macherádo**. In der Mitte des Dorfes steht die berühmte Wallfahrtskirche **Agía Mávra** aus dem 16. Jahrhundert, die eine wundertätige Ikone besitzt; man sieht sie links von der vergoldeten Ikonostase, sie ist mit Votivgaben behängt. Am Ortsausgang Richtung Rómiri erhebt sich das Kloster der **Panagía Eleftherótria**, gebaut wie eine Festung, mit mehreren bekrönten Türmen. Es wird von Nonnen bewohnt.

Für Romantiker: Sonnenuntergang in Kampí

Kilioméno

11 km

Éxo Chóra

3 km

Kampí

7 km

Die Straße führt in Serpentinen zwischen den Bergen hinauf ins Dorf **Kilioméno** mit beachtenswerter Nikolaus-Kirche und einem der schönsten Glockentürme der Insel. Durch stets wechselnde Landschaft gelangen wir nach **Ágios Léon** und **Éxo Chóra**, von wo aus man links einen Abstecher nach **Kampí** einschieben kann. Hier erlebt man besonders schöne Sonnenuntergänge. Das große weiße Kreuz erinnert an die Toten des letzten Weltkrieges.

Anafonítria

3 km

Geórgios Krimnón

Über Maríes führt die Straße nach **Anafonítria** mit dem gleichnamigen Kloster, in dem der Schutzpatron der Insel, der hl. Dionysíos, einstmals als Mönch lebte. Wie die Legende berichtet, gewährte er hier sogar dem Mörder seines Bruder Zuflucht. Am Ortsausgang lohnt es sich, links zum **Kloster des hl. Geórgios Krimnón** abzuzweigen. Von der Taverne auf dem Vorplatz genießt man einen schönen Blick zum Meer.

MIT DEM AUTO

Kurz hinter dem Kloster biegt die Fahrstraße zur vielfotografierten Bucht mit dem Schiffswrack ab. Tausende Besucher kommen in der Saison täglich, um die malerische **Shipwreck Bay** an der felsigen Westküste von Zákynthos zu bestaunen. Einsehen kann man die Bucht von oben, betreten jedoch nur vom Wasser her, mit dem Ausflugsboot bei einer Inselrundfahrt oder ab Porto Vromi.

Die Straße führt weiter nach **Volímes**, einem dreiteiligen Bergdorf, in dem sich die Frauen mit Weben und Sticken beschäftigen. Über Skinariá kommt man nordwärts zum hübschen Hafen **Ágios Nikólaos Skinarioú**. Von hier aus fahren kleine Boote in einem knapp einstündigen Trip zur **Blauen Grotte**, Ausflugsbusse machen weiter südlich am **Makrís Gialós** eine Picknick- und Badepause, in einer Bucht mit Kieselstrand und kristallklarem Wasser. Oberhalb der Bucht wartet das Restaurant Pilarinos mit Campingplatz und Tauchschule (Tel. 09 30/26 69 31) auf Gäste. Die Rückfahrt nach Zákynthos-Stadt führt durch das schöne Hangdorf **Katastári**, dann über Ágios Dimítrios.

Dauer: Tagesausflug; **Karte:** → S. 120/121

★ **Geórgios Krimnón**

1 km

★ **Shipwreck Bay**

10

4 km

○ **Volímes**

8 km

○ **Ágios Nikólaos Skinarioú**

25 km

○ **Zákynthos-Stadt**

Urlaubers Traum: Die malerische Shipwreck Bay ist für viele Griechenland-Fans der Strand aller Strände.

MIT DEM AUTO

Rund um Lefkáda

Bezaubernde Badebuchten, die Liebesklippen im Süden und Lagunen im Norden – das bietet Lefkáda bei dieser Rundreise.

Nídri

4 km

Die meisten Lefkáda-Urlauber wohnen in Nídri; deshalb ist die Inselrundfahrt von hier aus beschrieben. Man startet Richtung Süden, kann zunächst die Wirkungsstätte des Archäologen Wilhelm Dörpfeld besuchen. Rund um die Vlichó-Bucht fährt man zur **Halbinsel Geni**. Am Ende der Fahrstraße lassen Sie den Wagen stehen. Links geht es nun auf einem Pfad am Wasser entlang zur Landspitze mit der Kirche Agía Kiriakí. Um die Ecke stand das Wohnhaus von Dörpfeld, kurz vor der Kirche sieht man sein Grab.

Geni

6 km

Póros

14 km

Pónti

11 km

Komilió

5 km

Atháni

15 km

Ágios Nikítas

9 km

Weiter Richtung Süden führt der Weg nach **Póros**. Der nächste Küstenort ist **Vassilikí**, als Urlaubsziel in vielen Katalogen zu finden. Bis nach **Pónti**, dem auf Karten kaum verzeichneten nächsten Ort am Wasser, reihen sich Boots- und Surfbrettverleiher nebst Sportschulen aneinander. Hinter Pónti geht es nordwärts, durch das traditionelle Dorf **Ágios Pétros** nach **Komilió**, wo wir uns südwärts wenden. Bis Atháni ist die Straße gut befahrbar, danach kommen Schotterpisten. Immer wieder laden Badebuchten ein. Am einfachsten zu erreichen sind **Káthisma**, wo die asphaltierte Straße über Serpentinen bis ans Wasser führt, oder **Pefkoúlia** fast an der Straße. Dazwischen liegt der Fischerort **Ágios Nikítas**, wo man von der Terrasse des letzten Cafés sozusagen direkt ins Wasser springen kann.

Lefkáda

14 km

Nídri

Über Tsoukaládes führt die Rundreise in die Hauptstadt **Lefkáda**. Vorher ist ein Abstecher zum **Kloster Phaneroménis** zu empfehlen. An der Ostküste mit ihren Ferienorten geht es zurück nach Nídri.

Dauer: Tagesausflug; **Karte:** → S. 118 / 119

MIT DEM AUTO

Rundfahrt auf Ithaka

Ein Tipp für Individualisten ist die Fahrt um die Lieblingsinsel von König Odysseus. An einigen Stellen ist sie so schmal, dass man gleich mehrere Küsten im Blick hat.

Eine Rundfahrt von **Vathí** nach Vathí ist eine Tour durch den Nordteil Ithakas – der felsige Süden ist unbewohnt. Am Fähranleger vorbei geht es Richtung Stavrós zur **Aetós-Bucht**, mit nur 600 Metern Breite die engste Stelle Ithakas. Links biegt die Straße nach Píso Aetós ab, einem kleinen Hafen mit Badebucht, von wo im Sommer Boote nach Sami auf Kephaloniá ablegen. Die Hauptstraße schraubt sich ins Níritos-Gebirge, gibt rechts den Blick frei auf die Insel Lazaretto. Kephaloniá auf der linken Seite scheint zum Greifen nah. Bei der Gabelung biegen wir zum **Kloster Kathará** ab.

Anógi, das höchste Dorf, liegt 650 Meter über dem Meeresspiegel; Sie sehen es bald linker Hand der Straße. Weiter geht es nach **Stavrós**, dem Hauptort des Nordens, teilweise über Schotterpisten. In Stavrós nehmen wir rechts die Straße nach **Fríkes**, lassen uns dort Zeit für einen Bummel am kleinen Hafen, ehe wir uns dann rechts nach **Kióni** mit seinem reizvollen Hafen halten. Wir müssen über Stavrós zurückkehren, können dabei die Bucht von Afales besuchen.

Hinter Stavrós schlagen wir rechts den Weg zur Polisbucht ein oder fahren gleich Richtung **Léfki**, einem kleinen, als reich geltenden Dorf, da die wenigen Einwohner von Verwandten aus Australien unterstützt werden. Von Léfki führt ein drei Kilometer langer Weg zur »White Beach«, offiziell **Ágios Ioánnis**, einer der saubersten Buchten der Insel. Der Rückweg geradeaus wäre kürzer, ist aber kaum befahrbar. Besser ist es, über Léfki nach Aetós und Vathí zurückzukehren.

- Vathí
- 6 km
- Aetós
- 3 km
- Kathará
- 4 km
- Anógi
- 5 km
- Stavrós
- 3 km
- Fríkes
- 3 km
- Kióni
- 6 km
- Stavrós
- 4 km
- Léfki
- 12 km
- Vathí

Dauer: Halbtagesausflug; **Karte:** → S. 118/119

WICHTIGE INFORMATIONEN

Korfu von A(nreise) bis Z(oll).
Mit aktuellen Wechselkursen und genauer Klimatabelle, Geschichte auf einen Blick, Register und vielen anderen nützlichen Infos.

Die prächtigen Arkaden-Häuser der Esplanade von Korfu-Stadt sorgen für französisches Flair.

EINE INSELGRUPPE VON A–Z

Anreise

Mit dem Flugzeug
Charterflüge nach **Korfu** gibt es von allen größeren deutschen Flughäfen, ebenso aus Österreich und der Schweiz. Hapag Lloyd/TUI fliegt von Bremen, Düsseldorf, Frankfurt, Hamburg, Hannover, München, Nürnberg, Stuttgart; LTU von Berlin-Schönefeld, Düsseldorf, Frankfurt, Hamburg, München und Stuttgart; Thomas Cook (Condor) ab Dresden, Düsseldorf, Frankfurt, Hamburg, Hannover, Leipzig, München, Nürnberg, Stuttgart; Aero Lloyd von Friedrichshafen, Karlsruhe, Linz, Salzburg und Wien; Air Berlin startet von Berlin-Schönefeld und Tegel, Bremen, Dortmund, Düsseldorf, Erfurt, Hamburg, Hannover, Köln, Leipzig, Münster, Nürnberg, Paderborn nach Korfu.

Lefkáda ist über den Flughafen Préveza erreichbar, den Aero Lloyd von Düsseldorf, Frankfurt und München ansteuert.

Kephaloniá ist mit Aero Lloyd ab Frankfurt direkt zu erreichen.

Zákynthos wird von Hapag Lloyd aus Hannover angeflogen, von LTU ab Düsseldorf und München, von Aero Lloyd ab Berlin-Tegel, Frankfurt und Stuttgart, von Air Berlin ab Schönefeld und Nürnberg.

Pauschalurlauber werden per Bus zum Hotel befördert. Eine Taxifahrt von den jeweiligen Flughäfen in die Hauptstadt kostet ca. 10 bis 15 €. Lefkáda ist vom Flughafen Préveza auch mit dem öffentlichen Bus zu erreichen, Fahrtdauer etwa eine halbe Stunde.

Flugverbindungen
ab Athen mit Olympic Airways bestehen nach Korfu, Kephaloniá, Lefkáda (Préveza) und Zákynthos. Olympic Airways richtet ab Sommer 2003 Querverbindungen zwischen den Inseln Korfu, Kephaloniá, Zákinthos und Lefkáda (über Préveza) ein, meist als Zwischenstopps auf dem Wege nach Athen oder Thessaloniki. Aegean Airways macht der Staatslinie Konkurrenz, fliegt mehrmals täglich von Athen nach Korfu bzw. Kephaloniá und zurück. In Spata, etwa 25 Kilometer vom Stadtzentrum Athens entfernt, ist 2001 der neue Athener Flughafen eröffnet worden. Den neuen Zentralflughafen erreicht man mit mehreren Express-Buslinien. Die Linie E 96 verkehrt von/bis Piräus, Linie E 95 ab/bis Syntagma-Platz im Zentrum Athens, die Linie E 94 ab/ bis Metro-Station »Ethniki Amyna« (z. Zt. Endstation der neuen M3). Die Entfernung vom Zentrum nach Sparta beträgt etwa 25 km.

Ab Athen kommt man auch preisgünstig mit dem **Bus** zu den Ionischen Inseln. Der Busbahnhof (Praktorion KTEL) befindet sich in der Odós Kifissoú 100 (Endstation der Buslinie 51, Abfahrt in der Nähe des Omónia-Platzes, Odós Aléxandros). Busse gibt es nach Korfu, Kephaloniá (Argostóli), Lefkáda und Zákynthos; Fahrplanauskunft in Athen für Korfu Tel. 5 12 92 93, für Kephaloniá Tel. 5 25 07 85, für Lefkáda 5 25 01 08, für Zákynthos Tel. 5 12 84 32.

Hapag Lloyd wird durch die »TUI Hellas« vertreten. Deren Callcenter Athen erledigt auch Umbuchungen oder Stornierungen für alle Flüge nach Griechenland, Tel. (2 10) 9 40 91 91.

In **Korfu-Stadt** sind Auskünfte auch beim dortigen Büro der TUI Hellas erhältlich, Odos Ethniki Lefkimis, Telefon 2 66 10/2 01 00.

LTU-Vertretungen in
Korfu: Gran Tourismo,
Odós Ethnikís, Anastáseos 18;
westlich ■ a 1, Klappe hinten
Tel. 2 66 10/ 2 11 77, Fax 4 43 27
Zákynthos:
Flughafen, Int. Notflughalle;
Tel./Fax 2 69 50/4 94 61

ANREISE – BEVÖLKERUNG

Olympic Airways
Korfu: Odós Kapodístriou 20;
■ d 1, Klappe hinten
Tel. 2 66 10/3 86 94/6, Fax 3 66 34
Flughafen Tel. 2 66 10/3 01 80
Kephaloniá: Argostóli,
Odós R. Vergoti 1; ■ b 2, S. 51
Tel. 2 67 10/2 88 08
Flughafen; Tel. 2 67 10/4 15 11
Lefkáda: Odós Derpfeld 1, ■ D 5, S. 119
Lefkáda-Stadt; Tel. 2 64 50/2 28 81
Páxos: Gaios, Am Hafen; ■ b 2, S. 69
Tel. 2 66 20/3 12 01
Préveza: Odós Spiliadou & Balkou
Straße; Tel. 2 68 20/2 86 74
Flughafen; Tel. 2 68 20/2 23 55
Zákynthos: Odós Roma 10;
■ a 4, Klappe hinten
Tel. 2 69 50/2 86 11
Flughafen; Tel. 2 69 50/2 83 22

Mit dem Auto/mit dem Schiff
Mit dem eigenen Wagen reist man am besten über Italien. Von Venedig, Ancona, Bari und Brindisi gibt es Fährverbindungen nach Igoumenítsa, Korfu und Patras. Info in Reisebüros.

Fährverbindungen vom italienischen Festland
Superfast Ferries
Ancona–Patras ca. 18 Std.
Bari–Patras ca. 16 Std.
Bari–Igoumenítsa 8 Std.
Büro Igoumenítsa: Agion Apóstolon, Neuer Hafen; Tel. 2 66 50/2 81 50-55
Büro Korfu: Odos Ethnikís, Antistáseos 2; Tel. 2 66 10/8 12 22, Fax 2 64 26; E-Mail: grandsea@superfast.com

Blue Star Ferries
Italien–Griechenland, Ionische Inseln, Kykladen, Dodekanes
Büro Igoumenítsa: Agion Apóstolon 145; Tel. 2 66 50/2 39 70; Fax 2 23 48
Büro Korfu: Odos Ethnikís, Antistáseos 1; Tel. 2 66 10/8 12 22, Fax 82 64 26

MINOAN Lines
Venedig–Igoumenítsa/Korfu/Patras
Ancona–Patras, Ancona – Korfu

Büro Igoumenítsa: Odós Ethnikís, Antistáseos 58 A; Tel. 2 66 50/2 29 52
Büro Korfu: Odós Ethnikís, Antistáseos 2; westlich ■ a 1, Klappe hinten
Tel. 2 66 10/2 50 00, Fax 4 65 55; E-Mail: vergis@minoan.ker.forthnet.gr

Auskunft

Griechische Zentrale für Fremdenverkehr (EOT)

In Deutschland
– Neue Mainzer Str. 22, 60311 Frankfurt/Main; Tel. 0 69/23 65 61-63, Fax 23 65 76
– Wittenbergplatz 3a, 10789 Berlin; Tel. 0 30/2 17 62 62-63, Fax 2 17 79 65
– Neuer Wall 18, 20354 Hamburg; Tel. 0 40/45 44 98, Fax 45 44 04
– Pacellistr. 5, 80333 München; Tel. 0 89/22 20 35-36, Fax 29 70 58

In Österreich
Opernring 8, 1010 Wien;
Tel. 01/5 12 53 17, Fax 5 13 91 89

In der Schweiz
Löwenstr. 25, 8001 Zürich;
Tel. 01/2 21 01 05, Fax 21 20 51 26

Auf Korfu ■ c 3, Klappe hinten
EOT-Büro in Alikés, im Sommer Pavillon an der Esplanade; Tel. 2 66 10/3 75 20, Fax 3 02 98; E-Mail: eotcorfu@otenet.gr

Auf Kephaloniá
EOT-Büro Argostóli, nördlich ■ b 1, S. 51
Odós Metaxá, beim Fähranleger nach Lixoúri; Tel. 2 67 10/2 22 48, Fax 2 44 66

Auf Zákynthos
Touristenpolizei Zákynthos-Stadt,
■ b 4, Klappe hinten
Odós Lombárdou 62; Tel. 2 69 50/2 73 67

Bevölkerung

Fruchtbarer Untergrund und ein ausgewogenes Klima begünstigen vor allem auf Korfu und Zákynthos eine reiche Vegetation. Das macht den

Eine Inselgruppe von A–Z

Menschen das Leben leichter, und so ist hier die Bevölkerungsdichte mit 78 Menschen pro Quadratkilometer höher als im Gesamtdurchschnitt Griechenlands (68 Einwohner pro Quadratkilometer). Die meisten drängen sich auf Korfu – 152 Einwohner pro Quadratkilometer; mit 33 Einwohnern pro Quadratkilometer sind Kephaloniá und Ithaka die am dünnsten besiedelten Inseln.

Diplomatische Vertretungen

Konsulat der Bundesrepublik Deutschland ■ d 2, Klappe hinten
Odós Guilford 57, Korfu-Stadt;
Tel. 2 66 10/3 14 53, Fax 3 14 50

Botschaft der Bundesrepublik Deutschland
Odós Karaoli kai Dimitríou 3, 10675 Athen;
Tel. 2 10/7 28 51 11, Fax 7 25 12 05

Botschaft der Republik Österreich
Leofóros Alexándras 26, 10683 Athen;
Tel. 2 10/8 21 10 36, Fax 8 21 98 23

Honorarkonsul Österreichs
■ c 1, Klappe hinten
Odós Zavitsiánou 19, Korfu-Stadt;
Tel. 2 66 10/4 42 52, Fax 2 65 45

Honorarkonsul der Schweiz
■ d 3, Klappe hinten
Hotel Corfu Palace, Korfu-Stadt, Dímokratias 2; Tel. 2 66 10/3 94 85, Fax 3 17 49

Botschaft der Schweiz
Odós Iassíou 2, 11521 Athen;
Tel. 2 10/7 23 03 64, Fax 7 24 92 09

Einkaufen

Überall, wo Urlauber flanieren, reihen sich die Souvenirläden. Doch auch in anderen Gegenden kann man auf die Suche gehen, falls man mehr finden will als die üblichen Mitbringsel, wie T-Shirts mit bunten Aufdrucken von der jeweiligen Insel, Kunsthandwerkliches aus Holz oder Keramik, Modeschmuck oder Erinnerungsbildbände. Oft lohnt es sich, die unscheinbar aussehenden Geschäfte zu durchstöbern, in denen griechische Hausfrauen einkaufen. Sie haben keine vornehmen Auslagen, horten aber in Regalen Stoffe, Taschen oder handgearbeitete Stiefel und Schuhe.

Eine griechische Einrichtung besonderer Art ist der Kiosk an der Straßenecke, von den Griechen »períptero« genannt. Er ist bis spät in die Nacht geöffnet und hat alles, was man im Alltag braucht oder als Gast vergessen haben könnte: Zigaretten, Zeitungen, Schnürsenkel, Erfrischungen, Süßigkeiten, Seife, Rasierklingen, Papiertaschentücher, sogar einzelne Aspirin-Tabletten.

Am Períptero gibt es noch eine besonders typische Kleinigkeit, das »kombolói«. Es ist eine Schnur mit Perlen aus unterschiedlichem Material, die die Männer langsam durch die Finger gleiten lassen oder ums Handgelenk wirbeln; kein Rosenkranz, wie man meinen könnte, sondern etwas zur Beschäftigung der Hände.

Ikonen

Sie gelten als typisches Andenken an einen Griechenlandurlaub. Dazu muss man wissen: Alte Ikonen, die in einer Kirche gestanden haben, werden niemals verkauft. Doch man kann durchaus schöne echte Ikonen kaufen. Das alte Handwerk wird noch gepflegt. In diesem Sinne sind die Heiligenbilder authentisch, auch wenn sie neu sind.

Beim Kauf von handgemalten Ikonen muss man sich jedoch unbedingt eine Bescheinigung über den rechtmäßigen Erwerb ausstellen lassen. Da die Ausfuhr antiker Ikonen verboten ist, bekommt man sonst Schwierigkeiten mit dem Zoll. Anders verhält es sich natürlich mit kleinen Souvenir-Ikonen, die als Drucke überall zu haben sind.

BEVÖLKERUNG – FESTE UND FESTSPIELE

Keramik und Holz
Das Angebot keramischer Artikel ist immens; Töpfereien gibt es in Griechenland in großer Zahl. Oft ist der Besuch der Werkstatt und eines Schauraumes möglich. In keiner griechischen Wohnung fehlen bunte Keramikteller an der Wand, mit folkloristischen Motiven wie Blumen, Vögeln oder typischen Mustern. Auf Korfu sieht man oft Gegenstände aus Olivenholz. Sofern sie handgeschnitzt sind, haben sie ihren Preis, da Olivenholz besonders hart und seine Bearbeitung mühsam und zeitaufwendig ist. Aber dafür halten Brotteller, Schüsseln oder Kochlöffel aus Olivenholz ewig.

Lederwaren und Handarbeiten
Taschen, Schuhe, Sandalen, Gürtel und ähnliches gibt es in großer Auswahl; sie werden noch mit der Hand gemacht. In manchem Laden kann man sich die Stiefel anmessen und innerhalb weniger Tage anfertigen lassen. In den Dörfern sieht man vielfach Hirtenteppiche und andere Handarbeiten dekorativ aufgehängt.

Lebensmittel
Typische Spirituosen wie Ouzo oder Raki sind wesentlich billiger als zu Hause. Einige Spezialitäten sind jedoch nur an Ort und Stelle zu haben: Das Olivenöl von Páxos wird als eines der besten Griechenlands geschätzt. Eine Besonderheit sind die kleinen roten Korinthen aus Kephaloniá und Gewürzkräuter von Lefkáda. Sehr beliebt ist auch »pastéli«, ein knuspriger Honig-Sesam-Riegel. Auf allen Inseln wird ausgezeichneter Honig produziert. Da die Bienenstöcke zu den Blütenfelder getragen werden, sind auch Thymian- oder Wildkräuter-Honig im Angebot.

Flexible Geschäftszeiten
Ein Ladenschlussgesetz gibt es in Griechenland nicht. Lediglich Banken, Büros und Warenhäuser haben feste Öffnungszeiten. Privat betriebene Läden haben geöffnet, solange der Besitzer meint, etwas verkaufen zu können. In der Saison sind die Läden täglich offen.

Feste und Festspiele

Feste sind auf griechischen Inseln vor allem Heiligenfeste. Viermal im Jahr wird auf Korfu der Inselpatron, der hl. Spiridon, mit seinem Sarg in großer Prozession durch die Straßen der Hauptstadt getragen. Sein Leichnam ruht sonst in der Kirche Agios Spiridon in der Altstadt. Auf Kephaloniá ehrt die Bevölkerung den hl. Gerasimos, auf Zákynthos den hl. Dionysios in ähnlicher Weise. Jedes Dorf hat seinen Schutzpatron, dessen Gedenktag mit einem **Panijíri**, einem religiösen Volksfest, begangen wird. Fremde sind dann, insbesondere in ländlichen Gebieten, mit eingeladen. Neben Ostern ist Mariä Entschlafung (bei uns Mariä Himmelfahrt) für die Griechen der bedeutendste Termin in ihrem prallen Festkalender und fällt mit dem 15. August so günstig in ihre Urlaubszeit, dass alle zum Feiern auf ihre Heimatinseln fahren können. Busse und Fähren sind an den Tagen vor der größten Sommerpanijíri überfüllt, die Flüge schon Wochen vorher ausgebucht. Auf einigen Inseln (Lefkáda, Ithaka, Kephaloniá, Zákynthos) gibt es im Sommer Musik- oder Tanzwettbewerbe, oft mit internationaler Beteiligung. Auf Korfu geben von Zeit zu Zeit die Philharmonischen Orchester, Blaskapellen mit überwiegend jugendlichen Musikanten, Freilichtkonzerte.

Korfu
Korfu-Stadt
Fest des hl. Spirídon mit Umzügen am Palmsonntag (Rettung vor der Pest, 1629), Ostersamstag (Ende der Hungersnot, 1550), 11. Aug. (Ende der

Eine Inselgruppe von A–Z

Türkenbelagerung, 1716); 1. Sonntag im Nov. (Rettung vor der Pest, 1673) Musikfeste in den Innenhöfen der Festungen (im Sommer)
Acharávi
Fest des hl. Panteleimonas (27. Juli)
Lefkími
Fest des hl. Arsenios (19. Jan.)
Fest des hl. Prokopios (8. Juli)
Pantokrator
Fest im Kloster des hl. Sotiris (6. Aug.)

Ithaka
Exogi
Fest der hl. Marina (17. Juli)
Frikes
Fest der zwölf Apostel (30. Juni)
Kloster Kathara
Marienfest (8. Sept.)
Stavrós
Fest des hl. Sotiris (5./6. Aug.)
Vathí
Kulturfestival (Ende Juli/Anfang Aug.), Programmauskunft: Gemeindeverwaltung, Tel. 0 67 40/3 27 95

Kephaloniá
Arginia/Markopoúlo
Marienfest am 15. Aug.
Ephimia
Fest der hl. Ephimia (11. Juli)
Kloster Agios Gerásimos: Fest des Inselheiligen Gerásimos (16. Aug. und 20. Okt.)
Razáta
Volksfest zu Ehren des Propheten Elias (20. Juli)
Argostóli
Theaterfestival mit Teilnehmern vom griechischen Festland und aus anderen europäischen Ländern (2. Julihälfte)
Argostóli und Lixoúri
Internationales Tanzfest (Ende Aug./Anfang Sept.)

Lefkáda
Lefkáda-Stadt
Fest der hl. Mavra (3. Mai)
Kirchweih im Kloster Phaneroméni (30. Mai)
Internationales Tanzfestival (Mitte Aug.)
Agía Kiriakí
Fest der hl. Kiriakí (7. Juli)
Kalamítsi
Fest der hl. Paraskeví (26. Juli)
Kariá
Fest des hl. Spiridon (11./12. Aug.), verbunden mit einer Besonderheit, der Lefkadischen Hochzeit
Nidri
Fest der hl. Kiriakí (7. Juli)
Fest der hl. Paraskeví (26. Juli)
Valaoritis-Festival zu Ehren des Dichters (im Juli)

Páxos
Gáios
Fest des hl. Gáios (29. Juni)
Gáios und Lákka
Fest des hl. Spiridon (11. Aug.)
Lákka
Fest zu Ehren des Propheten Elias (20. Juli)
Antipaxos
Fest des hl. Aimilianos (18. Juli)

Zákynthos
Zákynthos-Stadt
Karneval sieben Wochen vor Ostern
Fest des Inselpatrons Dionysios mit Feuerwerk (24. Aug. und 17. Dez.)
Festival des mittelalterlichen Theaters (Mitte Aug.)
Bolímes
Fest der hl. Paraskeví (26. Juli)
Katastári
Fest des hl. Georgios (23. April)
Macherado
Fest der hl. Mavra (3. Mai)

Feiertage

An nationalen Feiertagen sind Banken, Behörden und große Kaufhäuser geschlossen. Kleinere Läden, vor allem in den Urlaubsorten, sind auch an Feiertagen offen, oftmals bis spät in die Nacht. Es gibt in Griechenland keine festen Ladenschlusszeiten.

Feste und Festspiele – Geld

1. Januar	Neujahr
6. Januar	Epiphanias
25. März	Nationalfeiertag zur Erinnerung an den ersten Aufstand gegen die 400jährige türkische Besetzung am 25. März 1821
Ostern	Das orthodoxe Osterfest wird bis zu fünf Wochen später gefeiert als das westliche. Nur etwa alle zehn Jahre feiert die Christenheit gemeinsam.
1. Mai	Tag der Arbeit
21. Mai	Tag des Anschlusses der Ionischen Inseln ans griechische Mutterland (1864)
15. Aug.	Höchstes Marienfest »Mariä Entschlafung« (Mariä Himmelfahrt)
28. Okt.	Nationalfeiertag zur Erinnerung an den Tag des historischen »Óchi« (= nein) als Antwort auf Mussolinis Ultimatum zur Kapitulation 1940
25./26. Dez.	Weihnachten

Fernsehen

Landesweit werden die staatlichen Programme ET 1 und ET 2 ausgestrahlt, dazu fast überall ET 3, das in Thessaloniki produziert wird. Ebenfalls überall zu empfangen sind die großen Privatsender Antenna, Mega und Skaï. Über Satellit werden in größeren Hotels auch deutsche Programme eingespeist. Die Spielfilme der griechischen Sender laufen meistens in den Originalsprachen mit griechischen Untertiteln.

FKK

Nacktbaden ist in Griechenland grundsätzlich verboten. Allerdings sind die Zeiten, als sofort der Dorfpolizist alarmiert wurde, wenn jemand oben ohne ins Wasser stieg, inzwischen vorbei. Ganz die Hüllen fallen lassen sollte man allerdings nur in wirklich sehr einsamen Gegenden und an Strandabschnitten, wo man die Gefühle der Einheimischen, vor allem schwarzgekleideter Witwen, nicht verletzt. Auf Korfu wird FKK am Strand von Mirtiótissa geduldet.

Fotografieren

Fotografieren ist an den meisten Orten erlaubt. In manchen Museen ist für Videoaufnahmen oder Fotografieren mit Stativ und Blitzlicht eine Erlaubnis einzuholen. Sie wird gegen Lösen einer zweiten Eintrittskarte erteilt.

Filme sind in Griechenland teurer als zu Hause. In Touristenorten werden belichtete Filme innerhalb eines Tages oder sogar im Stundenservice entwickelt. In der Nähe militärischer Anlagen besteht Fotografierverbot.

Geld

Am 1. Januar 1999 wurden die Umrechnungskurse zwischen den Währungen der Mitgliedsstaaten der Europäischen Währungsunion und dem Euro festgelegt. Seit dem 1. Januar 2001 ist auch Griechenland Mitgliedsstaat, nachdem es die im Maastricht-Vertrag festgelegten Beitrittskriterien besser erfüllte als so manches Land aus der ersten Reihe. Preise sind in diesem Reiseführer durchgängig in Euro angegeben. Zur Erinnerung: 1 € = 1,95583 DM = 340,75 Drs. = 1,54 sFr.

Am 1. Januar 2002 wurden die Euro-Banknoten und -Münzen in Umlauf gebracht. Seit diesem Termin sind Sie die lästigen Wechselmodalitäten los. Spätestens am 1. Juli 2002 verloren dann die einzelstaatlichen

Eine Inselgruppe von A–Z

Währungen – also auch die griechische Drachme – ihre Gültigkeit als gesetzliche Zahlungsmittel.

Kreditkarten werden vom Mittelklassehotel an aufwärts akzeptiert, im Restaurant nur in der Oberen Preisklasse. Wer in einer Taverne isst, sollte also Bargeld mit sich führen.

Öffnungszeiten: Die Banken sind montags bis donnerstags von 8 bis 14 Uhr geöffnet, freitags nur bis 13.30 Uhr. In den Flughäfen gibt es Wechselstuben, die länger offen haben, ebenso die Wechselstuben der Reisebüros und Touristikunternehmen vor Ort. Devisenbeschränkungen gibt es nicht. Mit dem Postsparbuch kann man in Griechenland nur in Athen etwas anfangen.

Internet

Im Internet werben sehr viele Touristikunternehmen mit eigenen Produkten. Allgemeines zu Griechenland und dem Urlaubsangebot erfährt man unter

www.teletour.de/Griechenland oder bei der Griechischen Zentrale für Fremdenverkehr unter www.eexi.gr/gnto

Kleidung

Auch im Juli und August sollte man einen Pullover für kühle oder windige Abende im Gepäck haben. Ein heftiger Regenschauer ist auf den Ionischen Inseln auch im Sommer möglich. Kirchen und Klöster sollte man nicht in kurzen Hosen bzw. ärmellosen T-Shirts oder Blusen betreten. Vergessen Sie den Hut gegen die Sonne nicht!

Reisedokumente

Für die Einreise nach Griechenland reicht ein gültiger Pass oder Personalausweis. Pässe sollten keine Sichtvermerke des türkisch besetzten Nordzypern enthalten. Kinder brauchen ab zehn Jahren einen Ausweis mit Lichtbild. Die Höchstaufenthaltsdauer beträgt drei Monate. Wer länger bleiben möchte, muss dies spätestens 20 Tage vor Ablauf der Dreimonatsfrist bei der nächsten Polizeidienststelle oder der Ausländerpolizei in Athen beantragen: **Astinomia Allodapon**
Leofóros Alexándras 173, 10683 Athen; Tel. 0 10/7 70 57 11

Reisezeit

Die touristische Saison beginnt mit den deutschen Osterferien in den letzten Märztagen und endet nach den Herbstferien spät im Oktober. Insbesondere auf Korfu, aber auch in einigen Inselhauptstädten gibt es ganzjährig geöffnete Hotels, wobei nicht alle Unterkünfte beheizbar sind. Allerdings fliegen im Winter die Charterer nicht. In reinen Ferienorten sind im Winter fast alle Betriebe geschlossen. Dafür haben die Men-

Nebenkosten in Euro	
1 Tasse Kaffee	2,00–3,00
1 Bier	2,50–4,00
1 Cola	1,50–2,50
1 Brot (ca. 500 g)	0,80–1,00
1 Schachtel Zigaretten	2,00
1 Liter Benzin	0,85
Fahrt mit öffentl. Verkehrsmitteln (Einzelfahrt)	1,00
Mietwagen/Tag	ab 50,00

Geld – Touristenpolizei

schen mehr Zeit für einen Schwatz mit dem Fremden, der auf eigene Faust angereist ist.

Beste Reisezeit sind die Monate April bis Juni und September/Oktober – der Frühling wegen der Blütenpracht, der Herbst wegen der noch warmen Temperaturen, auch des Wassers.

Strom

220 V Wechselstrom, Elektrorasierer können benutzt werden, deutsche Stecker passen meist.

Telefonieren

Telefonkarten werden an Kiosken oder bei der Telefongesellschaft OTE für 5 und 10 € verkauft. Die in Mitteleuropa gebräuchlichen Mobiltelefone funktionieren in Griechenland ebenfalls. Wer ein griechisches Netz auf seinem Handy hat, kann für Griechenland gleich mit der Ortskennzahl beginnen, z. B. für Athen mit der 2 10.

Vorwahlen

D, A, CH → GR 00 30
GR → D 00 49
GR → A 00 43
GR → CH 00 41

Tiere

Bei der Einreise mit Hunden oder Katzen muss für die Tiere ein internationaler Impfpass oder ein amtstierärztliches Attest (in englischer oder französischer Sprache) vorgelegt werden. Die letzte Impfung sollte nicht länger als ein Jahr zurückliegen, aber spätestens 15 Tage vor der Einreise erfolgt sein.

Touristenpolizei

Die Touristenpolizei hilft bei allen Fragen, weiß sogar in der Hochsaison, wo noch ein Bett zu finden ist. Auf den Inseln sind die Büros (Touristikí Astinomía) unter folgenden Telefonnummern erreichbar:

Die Klimadaten von Korfu-Stadt

		Januar	Februar	März	April	Mai	Juni	Juli	August	September	Oktober	November	Dezember
Durchschnittl. Temp. in °C	Tag	13,8	14,2	15,9	19,1	23,6	28,1	31,0	31,5	27,7	23,1	19,1	15,7
	Nacht	5,0	5,4	6,7	9,1	12,2	15,9	18,0	18,4	16,4	13,0	10,2	7,0
Sonnenstunden pro Tag		4,0	4,8	5,7	7,7	9,6	11,0	12,5	11,1	9,0	6,7	4,4	3,3
Regentage		13	11	9	7	5	2	1	1	5	9	12	15
Wassertemp. in °C		14	14	14	16	18	21	23	24	23	21	18	16

Quelle: Deutscher Wetterdienst, Offenbach

Eine Inselgruppe von A–Z

Korfu, Tel. 2 66 10/3 02 65
Ithaka, Tel. 2 67 40/3 22 05
Kephaloniá, Tel. 2 67 10/2 28 15
Kíthira, Tel. 2 73 50/3 12 06
Lefkáda, Tel. 2 64 50/2 17 13
Paxos, Tel. 2 66 20/3 22 22
Zákynthos, Tel. 2 69 50/2 73 67
Die Touristenpolizei in Athen (Odós Dimitrakopoúlou 77, 11741 Athen) erteilt unter Tel. 2 10/1 71 rund um die Uhr Auskünfte.

Verkehrsverbindungen

Auto
Wer den eigenen Wagen nutzen will, kann über Italien einreisen. Autofähren verkehren ab Venedig, Ancona, Bari und Brindisi (→ S. 101). Leihwagen sind vor Ort in großer Zahl erhältlich. Für einen VW Polo oder eine vergleichbare Kategorie muss man 50 € pro Tag rechnen, für einen komfortableren Großen das Doppelte. Preise in Prospekten täuschen; Versicherungen und Treibstoff kommen hinzu. Günstig: Wagen bereits zu Hause mieten!

Auf den Straßen gelten die europäischen **Verkehrsregeln**. Allerdings werden sie von den Griechen individuell ausgelegt. Geschwindigkeitsbegrenzungen: 50 km/h in Ortschaften, 110 km/h auf Landstraßen, 120 km/h auf Autobahnen. In Griechenland gilt die 0,5-Promille-Grenze. Pannenhilfe leistet der ELPA, die Partnerorganisation des ADAC. Pannentelefone in Athen und Patras sind rund um die Uhr besetzt, in Korfu von 7 bis 22 Uhr. Athen: Tel. 2 10/1 04, Patras: Tel. 26 10/1 04, Korfu: Tel. 2 66 10/1 04. Die Grüne Versicherungskarte ist nicht vorgeschrieben, wird aber empfohlen. Im Straßenverkehr muss man auf alles gefasst sein – hinter jeder Kurve kann ein Omnibus auftauchen, der die ganze Straßenbreite einnimmt, oder auch eine Ziegenherde. Fahren Sie also so risikoarm wie möglich!

Leihwagen
gibt es in allen Urlaubsorten. Man kann sie bereits bei den Reisebüros in der Heimat buchen oder geht, zum Beispiel am Flughafen, zu einer Vertretung der bekannten internationalen Firmen. Auch örtlichen Firmen kann man vertrauen. Die Griechen sind in aller Regel ehrliche Leute. Wenn ein älteres Modell einmal liegenbleiben sollte, ist das kein Weltuntergang. Der Anruf mit dem Handy genügt.

Zweiräder
Beliebt sind Roller und Motorräder, die in allen touristischen Orten zu mieten sind. Auch Fahrräder sind zu haben. Allerdings sind die Einsatzmöglichkeiten auf gebirgigen Inseln begrenzt.

Taxi
Taxifahren ist in Griechenland relativ preiswert. Für die 25 km lange Strecke von der Athener Innenstadt zum Flughafen zahlt man 15 bis 20 €. Extragebühren werden für Gepäckstücke über 10 kg berechnet, ebenso für Nachttouren. In der Woche vor Ostern und Weihnachten wird ein »Feiertagseuro« erhoben. Bei großen Abweichungen kann man sich an die Touristenpolizei wenden.

Öffentliche Verkehrsmittel
Busse sind das öffentliche Verkehrsmittel Nummer eins. Am Busbahnhof hängen Fahrpläne. Im Sommer gibt es Handzettel, weil mehr Verbindungen angeboten werden. Am Wochenende wird das Angebot dünner. Bei kleineren Strecken zahlt man beim Schaffner; für Überlandstrecken muss der Fahrschein vorher gelöst werden. Er enthält neben Tag und Uhrzeit auch eine Sitzplatznummer, die man auf der Rückseite der Lehne im Bus wiederfindet.

TOURISTENPOLIZEI – ZOLL

Schiff
Zwischen den Inseln verkehren im Sommer kleine Fähren und Ausflugsboote. »Inselhüpfer« können ihr Gepäck mitnehmen. Dann verfällt zwar die Rückfahrt; dieser Weg ist aber schneller, als auf dem »offiziellen« Kurs erst aufs Festland überzusetzen. Da die Fahrpläne sich oft ändern, ist es ratsam, sich aktuelle Auskünfte bei der Hafenpolizei geben oder Abfahrten bestätigen zu lassen:
Korfu, Tel. 2 66 10/3 26 55
Ithaka, Tel. 2 67 40/3 29 09
Kephaloniá, Tel. 2 67 10/2 22 24
Kíthira, Tel. 2 73 50/3 12 22
Lefkáda, Tel. 2 64 50/2 23 22
Páxos, Tel. 2 66 20/3 22 59
Zákynthos, Tel. 2 69 50/2 81 18

Wirtschaft

Auf den Ionischen Inseln leben insgesamt ungefähr 200 000 Menschen, gut die Hälfte von ihnen auf Korfu. Haupterwerbszweige waren in der Vergangenheit Landwirtschaft (Olivenöl, Gemüse), Viehzucht und Fischfang. Auf Korfu ist inzwischen der Tourismus wichtigster Wirtschaftszweig.

Zeitverschiebung

Es gilt die Osteuropäische Zeit, die der Mitteleuropäischen um eine Stunde voraus ist. Man muss die Uhren also um eine Stunde vorstellen.

Zoll

Gegenstände des persönlichen Gebrauchs können unbegrenzt eingeführt werden, ebenso Zahlungsmittel. Bei der Ausfuhr gelten übliche Begrenzungen. Die Ausfuhr von Antiquitäten ist verboten, beim Kauf von Ikonen und Kopien antiker Gegenstände muss man eine schriftliche Bestätigung mitführen, dass die Kopie rechtlich erworben wurde. Selbst wer eine antike Scherbe findet und mitnimmt, muss mit Strafen rechnen.
Bei der Einreise empfiehlt die griechische Polizei folgende Mengenbegrenzung pro Person: 300 Zigaretten oder 75 Zigarren, 4 Liter Wein, 2 Liter Hochprozentiges.

Entfernungen (in km) zwischen wichtigen Orten auf Korfu

	Dassiá	Kávos	Kinopiástes	Korfu-Stadt	Moraitika	Paleokastrítsa	Pélekas	Pirgí	Róda	Sidári
Dassiá	–	60	22	12	32	18	18	4	29	30
Kávos	60	–	41	47	28	72	57	64	83	84
Kinopiástes	22	41	–	10	16	27	13	26	46	47
Korfu-Stadt	12	47	10	–	20	25	13	16	36	37
Moraitika	32	28	16	20	–	44	29	36	56	57
Paleokastrítsa	18	72	27	25	44	–	20	20	28	30
Pélekas	18	57	13	13	29	20	–	22	45	46
Pirgí	4	64	26	16	36	20	22	–	26	28
Róda	29	83	46	36	56	28	45	26	–	6
Sidári	30	84	47	37	57	30	46	28	6	–

GESCHICHTE AUF EINEN BLICK

Um 3000 v. Chr.
Auf dem griechischen Festland entsteht eine der ältesten Kulturen Europas, die helladische. Illyrer besiedeln Inseln im Ionischen Meer.

Um 1200 v. Chr.
Im Trojanischen Krieg besiegen die Griechen unter ihrem Führer Agamemnon Troja auf dem kleinasiatischen Festland. Griechen besiedeln den Ostrand des Mittelmeeres. Laut Homer nahm Odysseus, König auf Ithaka, am Kampf um Troja teil.

734 v. Chr.
Die Handelsmacht Korinth gründet Kolonien im Westen, darunter Korkyra auf Korfu. Korkyra wird so mächtig, dass es 664 v. Chr. zur ersten Seeschlacht der Griechen kommt, bei der Korkyra gegen Korinth gewinnt.

5. Jh. v. Chr.
Die Griechen werden von den Persern bedroht, bleiben 490 v. Chr. Sieger der Schlacht bei Marathon. Durch geschickte Taktik besiegen sie zehn Jahre später die überlegene Flotte der Perser in der Schlacht bei Salamis.

431–404 v. Chr.
Peloponnesischer Krieg zwischen Sparta und Athen. Korinth und Korfu sind auf unterschiedlichen Seiten beteiligt.

400–338 v. Chr.
Selbständigkeit der Ionischen Inseln. 338 erobert Philipp II. von Makedonien Korfu. 336 folgt ihm sein Sohn Alexander, der die Welt bis Indien erobert; Verbreitung des griechischen Geistes (Hellenismus).

229 v. Chr.
Rom legt im heutigen Kassiopi den ersten Hafen im Norden Korfus an.

148 v. Chr.
Die Ionischen Inseln werden der römischen Provinz Macedonia zugeschlagen.

330 n. Chr.
Kaiser Konstantin verlegt die Hauptstadt des Römischen Reiches nach Byzanz. Sein »neues Rom« wird Konstantinopel. Beginn des Byzantinischen Reiches (Ostrom).

395
Teilung des römischen Imperiums in West- und Ostrom mit den Hauptstädten Rom und Konstantinopel. Die Ionischen Inseln gehören zu Ostrom.

1054
Kirchenspaltung, so genanntes Schisma. Die Grenze zwischen römisch-katholischem und griechisch-orthodoxem Glauben verläuft auf dem Balkan.

1081
Die auf Sizilien herrschenden Normannen erobern einige der Ionischen Inseln, Korfu gerät unter ihren Einfluss.

1204
Nach der Plünderung Konstantinopels durch die Ritter des 4. Kreuzzuges und die Schwächung des byzantinischen Kaiserreiches erfolgt eine Veränderung der Machtverhältnisse im Mittelmeer. Venedig baut seine Handelsverbindungen aus, gründet Stützpunkte zur Sicherung der Seewege.

1386
Korfu bittet Venedig um Schutz gegen die Osmanen, die Konstantinopel bedrohen und nach Westen vordringen. Bis auf Lefkáda schließen sich die Ionischen Inseln dem Schutz Venedigs an.

GESCHICHTE AUF EINEN BLICK

1453
Sultan Mehmet II. erobert Konstantinopel: Ende des Byzantinischen Reiches, Griechenland bleibt rund 400 Jahre türkisch besetzt.

16. Jh.
Mehrmals belagern die Türken Korfu, dringen auf den Balkan vor (»Türken vor Wien«). 1537 und 1571 werden türkische Angriffe auf Korfu abgewehrt.

1716
Erneuter Angriff der Türken auf Korfu. Venedig überträgt die Verteidigung dem deutschen General Matthias von der Schulenburg, der die Türken aufhalten kann, so dass Prinz Eugen Zeit für seinen Aufmarsch auf dem Balkan hat und die Türkengefahr bei Peterwardein endgültig bannt.

1797
Napoleon besetzt Venedig. Die Ionischen Inseln werden französisch.

1800
Auf Korfu wird die »Republik der Sieben Inseln« unter russischem Schutz ausgerufen.

1807
Der Vertrag von Tilsit spricht die Inseln erneut Frankreich zu. Ab 1809 versuchen die Engländer, die Franzosen von den Inseln zu vertreiben.

1815
Nach dem Ende der napoleonischen Ära werden die Ionischen Inseln England zur Verwaltung übertragen. Zehn Lordhochkommissare bestimmen von 1815 bis 1864 die Politik.

1830
In Griechenland wird ein neuer Staat ausgerufen. König wird Prinz Otto von Bayern.

1864
Königin Viktoria gewährt den Ionischen Inseln die Unabhängigkeit. Am 21. Mai Anschluss ans griechische Mutterland.

1916
Im Ersten Weltkrieg wird Korfu Stützpunkt der Alliierten.

1941–1944
Im Zweiten Weltkrieg bombardieren die Italiener Korfu und Zákynthos, besetzen anschließend die Inseln. 1943 folgen deutsche Truppen.

1945–1949
Ein Bürgerkrieg zwischen Königstreuen und Kommunisten erschüttert Griechenland. Sieg der Konservativen.

1953
Ein schweres Erdbeben verwüstet die Ionischen Inseln, insbesondere Kephaloniá und Zákynthos.

1967–1974
Militärdiktatur in Griechenland.

1981
Griechenland wird Mitglied der Europäischen Gemeinschaft.

1996
Kostas Simitis wird Ministerpräsident und Parteiführer der von Andreas Papandreou gegründet Panhellenischen Sozialistischen Bewegung (PASOK).

2002
Griechenland erreichte die Kritierien für den Beitritt zur Europäischen Währungsunion spät. Auf den neuen Geldscheinen ist das Wort »Euro« auch in griechischen Buchstaben zu finden. Die Münzen tragen auf der Rückseite, wie in alten Zeiten, die Bezeichnung Lepta statt Cent.

Sprachführer

In allen größeren Hotelanlagen wird auch Deutsch gesprochen, in kleineren Hotels, in Restaurants und Souvenirgeschäften von Fall zu Fall. Hauptverkehrssprache im Tourismus ist Englisch. Orts- und Straßenschilder weisen fast immer eine Umschrift in lateinischen Buchstaben auf. Für diesen Reiseführer wurde nicht die international normierte Umschrift aus dem Griechischen gewählt, sondern eine, die deutschsprachigen Reisenden richtige Aussprache griechischer Wörter möglichst erleichtert. So schreiben wir nicht nach traditioneller Art »gyros«, sondern »gíros«. Der Akzent zeigt die betonte Silbe an, mit einem Vokal beginnende, groß geschriebene Wörter (Eigen- und Ortsnamen) ohne Akzent werden stets auf der ersten Silbe betont. Für die Verständlichkeit ist richtige Betonung meist wichtiger als eine korrekte Aussprache! Als Faustregel für die Aussprache gilt, dass alle Silben kurz und die Vokallaute offen ausgesprochen werden.

Zum kleinen Grundwortschatz sollten die Zauberwörter **efcharistó** (danke), **parakaló** (bitte) und **signómi** (Entschuldigung) gehören und als Ausdruck von vielseitiger Verwendbarkeit **jássas**. Das sagt man zur Begrüßung (wie »Guten Tag«, »Grüß Gott« und »Grüezi«), zum Abschied (wie »Tschüs«, »Servus« und »Ade«), beim Heben der Gläser (»Prosit«) und wenn das Gegenüber niest – »Gesundheit« –, was denn auch die Grundbedeutung dieses Wortes ist. Die Griechen freuen sich, wenn ihre Besucher sich bemühen, zumindest einige Floskeln in der Landessprache zu beherrschen. Probieren Sie es einfach einmal!

Das griechische Alphabet

Großbuchstabe	Kleinbuchstabe	Name	Ausspracheregeln	Umschreibung
Α	α	álfa	kurzes a wie in »Hand«	a
Β	β	wíta	w wie »Wonne«	w
Γ	γ	gámma	j wie in »Jonas« vor den Vokalen -i und -e, weiches g vor den übrigen Vokalen	j, g
Δ	δ	délta	wie stimmhaftes engl. th, z. B. in »the«	d, D
Ε	ε	épsilon	e wie in »Bett«	e
Ζ	ζ	síta	stimmhaftes s wie in »Rose«	s
Η	η	íta	kurzes i wie in »Ritt«	i
Θ	θ	thíta	wie stimmloses engl. th, z. B. in »thanks«	th
Ι	ι	jóta	i wie in »Ritt«	i
Κ	κ	káppa	k wie in französisch »col«	k
Λ	λ	lámbda	l wie im Deutschen	l
Μ	μ	mi	m wie im Deutschen	m
Ν	ν	ni	n wie im Deutschen	n
Ξ	ξ	ksi	ks wie »Axt« oder »Lachs«	x
Ο	ο	ómikron	o wie »oft«	o

SPRACHFÜHRER

Groß-buch-stabe	Klein-buch-stabe	Name	Ausspracheregeln	Um-schrei-bung
Π	π	pi	p wie im Französischen »pomme«	p
Ρ	ρ	ro	Zungenspitzen-R wie im Italienischen	r
Σ	σ, ς	sigma	stimmloses s wie in »Tasse«; stimmhaftes s wie in »Rose« vor stimmhaften Konsonanten	s, ss s
Τ	τ	taf	t wie im Französischen »tableau«	t
Υ	υ	ípsilon	kurzes i wie in »Ritt« w wie in »Wonne« nach Alfa und Epsilon, wenn ein stimmhafter Konsonant folgt f wie in »Fehler« nach Alfa und Epsilon, wenn ein stimmloser Konsonant folgt	i w f
Φ	φ	fi	f wie in »Fehler«	f
Χ	χ	chi	ch wie in »ach« vor a-, o- und u-Lauten sowie vor Konsonanten ch wie in »ich« vor e- und i-Lauten	ch ch
Ψ	ψ	psi	ps wie in »Pseudonym«	ps
Ω	ω	ómega	o wie in »oft«	o

Buchstabenkombinationen

ΑΙ	αι	álfa-jóta	e wie in »Bett«	e
ΕΙ	ει	épsilon-jóta	i wie in »Ritt«	i
ΟΙ	οι	ómikron-jóta	i wie in »Ritt«	i
ΟΥ	ου	ómikron-ípsilon	u wie in »bunt«	u
ΑΥ	αυ	álfa-ípsilon	af wie in »Affe« vor stimmlosen Konsonanten, in allen anderen Fällen aw wie in »Avus«	af aw
ΕΥ	ευ	épsilon-ípsilon	ef wie in »Effekt« vor stimmlosen Konsonanten, in allen anderen Fällen ew wie in »Beweis«	ef ew
ΓΓ	γγ	gamma-gamma	ng wie in »lang«	ng
ΓΧ	γχ	gamma-chi	Lautkombination ngch	ngch
ΜΠ	μπ	mi-pi	In Fremdwörtern (meist am Wortanfang) wie deutsches b, in Wortmitte (außer bei Fremdwörtern) mb wie in »Amboss«	b mb
ΝΤ	ντ	ni-taf	wie oben: in Fremdwörtern ... wie deutsches d, im Wortinneren ... wie nd in »Anden«	d nd
ΓΚ	γκ	gamma kappa	wie oben: in Fremdwörtern ... wie deutsches g, im Wortinneren ... wie ng in »lang«	g ng

Sprachführer

Wichtige Wörter und Ausdrücke
Alle griechischen Worte sind in Lautschrift wiedergegeben.

ja	*nä*
nein	*óchi*
vielleicht	*íssos*
bitte	*parakaló*
danke	*efcharistó*
Wie bitte?	*Oríste*
und	*kä*
Ich verstehe nicht	*Denn katalawéno*
Entschuldigung	*Signómi*
Guten Morgen	*Kaliméra*
Guten Tag	*Kaliméra*
Guten Abend	*Kalispéra*
Gute Nacht	*Kaliníchta*
Hallo	*jássas*
Ich heiße	*Mä léne ...*
Ich komme aus...	*Íme ápo ...*
Wie geht's	*Ti kánete*
Danke, gut	*kalá*
wer, was, welcher	*pjoss, ti, pjoss*
wie viel	*pósso*
Wo ist ...	*Pu íne ...*
wann	*pótte*
Wie lange	*Possón keró*
stündlich	*káthe óra*
täglich	*káthe méra*
Sprechen Sie Deutsch?	*Miláte jermaniká?*
Auf Wiedersehen	*adío*
Wie wird das Wetter?	*Poss tha íne o keróss?*
heute	*símera*
morgen	*áwrio*

Zahlen

eins	*énnas, mía, énna*
zwei	*dío*
drei	*tris, tría*
vier	*tésseris, téssera*
fünf	*pénde*
sechs	*éksi*
sieben	*eftá*
acht	*októ*
neun	*ennéa*
zehn	*dékka*
20	*íkossi*
30	*triánda*
40	*saránda*
50	*peninda*
60	*eksínda*
70	*efdomínda*
80	*okdónda*
90	*enneninda*
100	*ekkató*
1000	*chíljes*
10 000	*dékkachiljádes*
1 000 000	*énna ekkatomírio*

Wochentage

Montag	*deftéra*
Dienstag	*tríti*
Mittwoch	*tetárti*
Donnerstag	*pémpti*
Freitag	*paraskewí*
Samstag	*sáwato*
Sonntag	*kiriakí*

Mit und ohne Auto unterwegs

Wie weit ist es nach ...	*Pósso makriá ine ja ...*
Wie kommt man nach ...	*Poss bóro na páo ja ...*
Wo ist ...	*Pu íne ...*
die nächste Werkstatt	*to sinerjío edó kondá*
der Bahnhof/ Busbahnhof	*o stathmós/o stathmós leoforíon*
eine U-Bahn	*énna stathmós tu elektrikú*
der Flughafen	*to aerodrómio*
die Touristeninformation	*to praktorío turistikón pliroforíon*
die nächste Bank	*mía trápesa edó kondá*
die nächste Tankstelle	*énna wensinádiko edó kondá*
Ich möchte ...	*Tha íthela ...*
Ich will ...	*Thélo ...*
Wissen Sie ...?	*Ksérete ...?*
Haben Sie ...?	*Échete ...*
Wo finde ich ...	*Pu íne edó ...*
– einen Arzt	– *énna jatró*
– eine Apotheke	– *énna farmakío*
Bitte volltanken!	*Jemíste, parakaló*

SPRACHFÜHRER

Deutsch	Griechisch
Normalbenzin	*wensíni apló*
Super	*supér*
Diesel	*petrélio*
bleifrei	*amóliwdi*
rechts/links/ geradeaus	*deksjá/aristerá/ efthía*
Ich möchte ein Auto/ein Fahrrad mieten	*Thélo na nikjásso enna aftokínito/ énna podilato*
Wir hatten einen Unfall	*Íchame énna atíchima*
Eine Fahrkarte nach ... bitte	*Énna issitírjo ja ... parakaló*

Hotel

Ich suche ein Hotel	*Psáchno énna ksenodochío*
Ich suche ein Zimmer	*Psáchno énna domátjo*
– für 2/3/4 Personen	*– ja dio/tría/téssera átoma*
Haben Sie ein Zimmer frei	*Échete enna domátjo léfthero*
– für eine Nacht	*– ja mía níchta*
– für zwei Tage	*– ja dio méres*
– für eine Woche	*– ja mía ewdomáda*
Ich habe ein Zimmer reserviert	*Éklissa énna domátjo*
– mit Frühstück	*– mä pro-i-nó*
– mit Halbpension	*– mä énna jéwma*
Kann ich das Zimmer sehen?	*Boró na to do*
Ich nehme das Zimmer	*Na to páro*
Kann ich mit Kreditkarte zahlen	*Boró na plirósso mä pistotikí kárta?*
Haben Sie noch Platz für ein Zelt/einen Wohnwagen?	*Ipárchi akóma méros ja mía skiní/énna trochóspito?*

Restaurant

Die Speisekarte bitte	*Ton katálogo, sass parakaló*
Die Rechnung bitte	*To logarjasmó, parakaló*
Alles zusammen, bitte	*Ólla masí, parakaló*

Ich hätte gern einen Kaffee	*Tha íthela énna kaffé*
Ist dieser Stuhl noch frei?	*Íne eléftheri aftí í thési?*
Wo sind die Toiletten?	*Pu íne i tualéttes?*
Damen/Herren	*jinékes/ándres*
Kellner	*garssón*
Frühstück	*pro-i-nó*
Mittagessen	*jéwma*
Abendessen	*dípno*

Einkaufen

Wo gibt es ...?	*Pu échi, pu ipárchi ...?*
Haben Sie ...?	*Échete ...?*
Wie viel kostet das?	*Pósso káni/pósso kostísi?*
Das ist sehr teuer	*Íne polí akriwó*
Geben Sie mir bitte	*Dóste mu, sass parakaló*
100 g/ein Pfund/ ein Kilo	*ekkató grammária/ mísso kiló/énna kiló*
Danke, das ist alles	*Aftá, efcharistó*
geöffnet/ geschlossen	*aniktó/klistó*
Bäckerei	*artopiío, fúrnos*
Kaufhaus	*polikatástima, emborikó*
Metzgerei	*kreopolío*
Lebensmittelgeschäft	*pandopolío, míni-márket*
Briefmarken für einen Brief/ eine Postkarte	*grammatóssima ja éna grámma/ ja mía kárta*
nach Deutschland/Österreich/in die Schweiz	*ja tin jermanía/ ja tin afstría/ ja tin elwetía*
eine Telefonkarte	*mía tilekárta*

KARTENREGISTER

A
Acharávi ○ D1, 117
Achilleion ★ D3, 117
Aetós ○ F6, 119
Aetós △ C8, 118
Afra ○ D3, 117
Agalás ○ C12, 120
Agía Dimitríou ★ E5, 119
Agía Dináti ▲ B8, 118
Agía Ephimía ○ C8, 118
Agía Iríni ○ D10, 121
Agía Mavra ★ D5, 119
Agía Varvára ★ B9, 120
Agios Andréas ★ B9, 120
Agios Dimítrios ○ C11, 120
Agios Ekaterinis △ D1, 117
Agios Elofthérios ○ C9, 120
Agios Geórgios ○ C2, 116
Agios Geórgios ○ D10, 121
Agios Geórgios ○ E4, 117
Agios Geórgios ★ B9, 120
Agios Geórgios Krimnón ★ B11, 120
Agios Gerásimos ★ B9, 120
Agios Gerásimos ★ C9, 120
Agios Górdis ○ D3, 117
Agios Ilías ○ C6, 118
Agios Ilías ○ D1, 117
Agios Ioánnis ○ D3, 117
Agios Ioánnis ★ E4, 117
Agios Ioánnis sto Rodáki ★ C6, 118
Agios Jánnou △ D8, 119
Agios Kiriakí ~ B8, 118
Agios Léon ○ C12, 120
Agios Martinos ○ D1, 117
Agios Matthaíos ○ D3, 117
Agios Nikítas ○ C5, 118
Agios Nikólaos ○ C9, 120
Agios Nikólaos ○ D5, 119
Agios Nikólaos Nirás ★ C6, 118
Agios Nikólaos Skinarioú ○ C11, 120
Agios Pántes ○ C12, 120
Agios Pétros ○ C6, 118
Agios Spirídon ○ A8, 118
Agios Stefános ○ C2, 116
Agios Stefános ○ E1, 117
Agios Triáda ○ D3, 117
Agó ○ B8, 118
Agrafoi ○ C1, 116
Agrámbela ○ F6, 119
Agrilion ★ C9, 120
Agros ○ C2, 116
Ahirá ○ E5, 119
Akarnaniká ∞ E5, 119
Akrotíri △ A9, 120
Alépou ○ D3, 117
Alikánes ○ C11, 120
Alikés ○ C11, 120
Alikés ○ D2, 117
Ambelókipi ○ D12, 121
Amfilohía ○ F5, 119
Anafonítria ○ B11, 120
Anafonítria ★ B11, 120
Angelókastro ★ C2, 116
Angónas ○ B8, 118
Ano Korakiána ○ D2, 117
Ano Lefkimi ○ E4, 117
Ano Messongi ○ D3, 117
Ano Pavliana ○ D3, 117
Anógi ○ C7, 118
Anomeriá ○ B8, 118
Antipata ○ B7, 118
Arethoúsa-Quelle ★ D8, 119
Argássi ○ D12, 121
Argínia ○ C10, 120
Argirádes ○ E4, 117
Argostóli ○ B9, 120
Arhontohóri ○ E6, 119
Arílla △ C2, 116
Arkoúdi △ D7, 119
Arkoúdi ★ F11, 121
Arkoudila △ E4, 117
Asprochavos △ F4, 117
Assos ○ B8, 118
Astakós ○ F7, 119
Atháni ○ C6, 118
Athéras ○ A8, 118
Athéras △ A8, 118
Atokos △ D7, 119
Atros ▲ D9, 121
Avliotes ○ C1, 116

B
Bambini ○ F6, 119
Banana Beach ~ D12, 121
Barbáti (Barmpati) ○ D2, 117
Benítzes ○ D3, 117
Bóchali ○ D11, 121
Buthrotum ★ E2, 117

C
Canal d'Amour ★ C1, 116
Çaush ○ E1, 117
Chaliotáta ○ C9, 120
Chavdáta ○ A9, 120
Chavriáta ○ A9, 120
Chlomós ○ E4, 117
Chorepiskopoi ○ C2, 116
Chortáta ○ C6, 118
Çiflik ○ F2, 117
Çukë ○ E1, 117

D
Dafni ○ C2, 116
Danáto ○ D12, 121
Danilia ○ D2, 117
Dassiá ○ D2, 117
Davgáta ○ B9, 120
Dhivër ○ F1, 117
Diaplo △ B1, 116
Diapontia Nisia △ A1, 116
Diavlos Zakinthou ~ E11, 121
Digaléto ○ C9, 120
Dilináta ○ B9, 120
Divaráta ○ B8, 118
Doukades ○ C2, 116
Dragotina ○ E4, 117
Drapáno ○ B9, 120
Drastis △ C1, 116
Drimós ○ E5, 119
Drongaráti ★ C9, 120

E
Eglouví ○ C5, 118
Egrimni ~ C6, 118
Ehinades Nissi △ E7, 119
Ekvoles Aheloou ~ F8, 119
Eláti ▲ C6, 118
Enos ∞ C9, 120
Enospekepsi ○ D2, 117
Epískepsi ○ D2, 117
Episkopí ○ E6, 119
Erikoússa △ B1, 116
Ermónes ○ C3, 116
Evgiros ○ C6, 118
Exó Chóra ○ C11, 120
Exógi ○ C7, 118

F
Faraklata ○ B9, 120
Fársa ○ B9, 120
Faváta ○ A9, 120
Finiq ○ E1, 117
Fiskárdo ○ C7, 118
Fíties ○ F6, 119
Frangáta ○ C9, 120
Frikes ○ C7, 118
Fternó ○ C6, 118

G
Gardelades ○ C2, 116
Gardíki ★ D3, 117
Gastoúni ○ F11, 121
Gazatika ○ D2, 117
Georgouléika ○ E6, 119
Gérakas ~ D12, 121
Géraki △ D12, 121
Giannades ○ C2, 116
Gidáki △ D8, 119
Gjashtë ○ E1, 117
Gjirri Sarandës ~ E1, 117
Glifáda ○ D3, 117
Golden Beach ★ F11, 121
Gouviá ○ D2, 117
Grizáta ○ C9, 120

H
Hrissovítsa ○ F6, 119

I
Iliadoros △ C2, 116
Ionian Sea ~ A3, 116
Ionian Sea ~ A6, 118
Ionian Sea ~ F9, 121
Iovikó ★ F11, 121
Ipsos (Ypsos) ○ D2, 117
Ithaka △ C7, 118

K
Kakáta △ B8, 118
Kalafationes ○ D3, 117
Kalamáki ○ D12, 121
Kalámi ○ D2, 117
Kalamítsi ○ C5, 118
Kálamos ○ E6, 119
Kálamos △ E6, 119
Kalipádo ○ C11, 120
Kallithéa ○ C11, 120
Kaminaráta ○ A9, 120
Kampí ○ C11, 120
Kanakádes ○ C2, 116
Kanáli ○ D0, 117
Kandíla ○ E6, 119
Kánoni ★ D3, 117
Kap Doukáto △ C6, 118
Karaiskakis ○ F6, 119
Karavómilos ○ C9, 120
Kardakáta ○ B8, 118
Kariá ○ C5, 118
Kariá ○ C8, 118
Kariótes ○ D5, 119
Karoussádes ○ C1, 116
Kassiópi ○ D1, 117
Kassiopis △ D1, 117
Kastellánoi ○ D3, 117
Kastós ○ E6, 119
Kastós △ E6, 119
Kástro ○ F11, 121
Katastári ○ C11, 120
Katharå ★ C8, 118
Káthisma ~ C5, 118
Káto Katelíos ○ D10, 121
Káto Korakiána ○ D2, 117
Kato Pavliana ○ D3, 117
Katochóri ○ C6, 118
Katoméri ○ D6, 119
Katoúna ○ F5, 119
Kavallouri ○ C1, 116
Kávos ○ F4, 117
Kephálí △ B2, 116
Kephaloniá △ D9, 121
Kepii Qefalii △ D1, 117
Kepii Stíllos △ D2, 117
Kerí ○ C12, 120
Kestríni ○ F3, 117
Kílini ○ F11, 121
Kilioméno ○ C12, 120
Kioni ○ C7, 118
Kipsélí ○ C11, 120
Klimatia ○ D2, 117
Kólpos Ag. Geórgiou ~ C2, 116
Kólpos Argostólíou ~ B9, 120
Kólpos Astakou ~ F7, 119
Kólpos Laganá ~ D12, 121
Kólpos Lefkimmis ~ E4, 117
Kólpos Mírtou ~ B8, 118
Kólpos Mólos ~ C8, 118
Kólpos Sámis ~ C8, 118
Kolyvri △ C2, 116
Kombotí ○ F5, 119
Koméno △ D2, 117
Komilió ○ C6, 118
Komitáta ○ C8, 118
Königsgräber ★ C6, 118
Konispol ○ F2, 117
Konopina ○ F5, 119
Konsia △ D4, 117
Kontogenáda ○ A8, 118
Kontokáli ○ D2, 117
Korfu (Kerkyra) ○ D2, 117
Korfu △ D3, 117
Koríthi ○ C11, 120
Kothréas ○ C8, 118
Kouloura ○ D2, 117
Kouloúrata ○ C9, 120
Kounópetra ★ A9, 120
Kountouris △ F4, 117
Kouroukláta ○ B9, 120
Kouváláta ○ A9, 120
Ksamil ○ E2, 117
Kyanoún (Blaue Grotte) ★ C10, 120
Kythros △ D6, 119

L
L. Amvrakia ~ F5, 119
L. Avithos ~ D9, 121
L. i Bistricës ~ F1, 117
L. i Pavllës ~ F2, 117
Laganás ○ D12, 121
Lagoudia △ D4, 117
Lákones ○ C2, 116
Lássi ○ B9, 120

KARTENREGISTER

Lazaráta ○ C5, 118
Lazareto ∆ D2, 117
Lefkáda ○ D5, 119
Lefkáda ∆ C5, 118
Léfkas ★ D5, 119
Lefkátas ∆ C6, 118
Léfki ○ C7, 118
Lefkími ~ F4, 117
Lefkímmi ○ E4, 117
Lefkímmis ∆ E4, 117
Lekurës ★ E1, 117
Lepáda ~ B9, 120
Lessíni ∞ F7, 119
Liapades ○ C2, 116
Ligia ○ F11, 121
Limnaía ★ F5, 119
Límni Keríou ○ C12, 120
Límni Korission ~ D4, 117
Límni Ozeros ~ F6, 119
Límni Voulkariá ~ D5, 119
Linia ○ D4, 117
Lipsó ∆ C6, 118
Liqeni Butrintit ~ E1, 117
Liqeni Rrëzës ~ E2, 117
Litható ○ C12, 120
Livadhje ○ F1, 117
Livinë ○ F1, 117
Lixoúri ○ B9, 120
Ln. Platygiali ~ F7, 119
Loúha ○ C11, 120
Lourdáta ○ C10, 120
Loutráki ○ F5, 119
Loutses ○ D1, 117

M
M. i Milës ∞ E2, 117
M. i Saraqinit ∞ F2, 117
Macherádo ○ C12, 120
Maherás ○ F6, 119
Máhos ○ F11, 121
Makriótika ○ B8, 118
Makris Gialós ~ B9, 120
Mantzavináta ○ A9, 120
Marantochóri ○ C6, 118
Marathiá ∆ C12, 120
Marathonísi ∆ D12, 121
Maries ○ B11, 120
Markópoulos ○ C10, 120
Mármaro ○ C2, 116
Mathráki ∆ B1, 116
Mavráta ○ D10, 121
Meerwasser-Mühle ★ B9, 120
Megachoros ○ E4, 117
Meganissi ∆ D6, 119
Megas Lákos ~ B9, 120
Melissá ∆ C7, 118
Melissani ~ C8, 118
Merovígli ▲ C8, 118
Mesopotam ★ F1, 117
Messongí ○ D3, 117
Metaxáta ○ B9, 120
Mirtiótissa ~ C3, 116
Mírtos ~ B8, 118
Mitikas ○ E6, 119
Mon Repo ★ D3, 117
Monastiráki ○ E5, 119
Moní Myrtidion ★ D3, 117
Moní Panagias ★ F4, 117
Moní Vlahernou ★ F11, 121
Moraitika ○ D3, 117
Moúnta ∆ D10, 121
Mousáta ○ C9, 120
Mursi ○ E2, 117

N
Neochóri ○ C6, 118
Neochóri ○ C8, 118
Neohóri ○ F11, 121
Néritos ∞ C7, 118
Nidri ○ D6, 119
Nifi ○ B8, 118
Nikiána ○ D5, 119
Nikolís ○ C6, 118
Nissáki ○ D2, 117
Notio Steno Kerkyras ~ F3, 117
Nymfes ○ C2, 116
Nymphengrotte ★ C8, 118

O
Odysseus' Burg ★ C8, 118
Oiniadai ★ F7, 119
Onchesmos ★ E1, 117
Ormos Ág. Geórgiou ~ C1, 116
Ormos Ag. Nikoláou ~ D5, 119
Ormos Drepanoú ~ D5, 119
Ormos Exochóras ~ B11, 120
Ormos Fríkes ~ C7, 118
Ormos Gouvíon ~ D2, 117
Ormos Kerí ~ D12, 121
Ormos Krevatsoúla ~ D2, 117
Ormos Liapados ~ C2, 116
Ormos Palérou ~ D5, 119
Ormos Roúda ~ C6, 118
Ormos Sagiadés ~ F3, 117
Ormos Sarakiníko ~ D8, 119
Ormos Sidári ~ C1, 116
Ormos Skinos ~ D8, 119
Ormos Valtou ~ F3, 117
Ormos Vassilikís ~ C6, 118
Ormos Vromí ~ B11, 120
Ormos Ypsou ~ D2, 117
Orthoniés ○ C11, 120
Othónoi ∆ A1, 116

P
Palaiochori ○ E4, 117
Pale ★ B9, 120
Paleokastrítsa ○ C2, 116
Páleros ○ E5, 119
Palikí ∆ A9, 120
Panagía Kipouraíon ★ A9, 120
Panagía Mesavrysi ★ D4, 117
Pantokrátor ▲ D2, 117
Pappadatos ○ F6, 119
Patraikos Kólpos ~ F10, 121
Pavagoúla ○ E6, 119
Pefkoúlia ~ C5, 118
Pélekas ○ D3, 117
Pelikáta ★ C7, 118
Perachóri ○ D8, 119
Pérama ○ D3, 117
Peratáta ○ B9, 120
Peratiá ○ D5, 119
Períthia ○ D2, 117
Perivóli ○ E4, 117
Peroulades ○ C1, 116
Pessáda ○ C10, 120
Petalas ∆ E8, 119
Petaleia ○ D2, 117
Petríti ○ E4, 117
Phaneroménis ★ C5, 118
Pirgí (Pyrgí) ○ D2, 117
Plagiá ○ D8, 118
Plagiá ○ D5, 119
Plános ○ D11, 121
Plástra ○ D10, 121
Plateiés ○ C10, 120
Platis Gialós ~ B10, 120
Platístoma ○ D5, 119
Platíthrias ○ C7, 118
Pogoniá ○ D5, 119
Polis-Höhle ★ C7, 118
Pónti ○ C6, 118
Pontikonísi ∆ D3, 117
Póros ○ D6, 119
Póros ○ D9, 121
Porta ○ D2, 117
Porto Katsiki ~ C6, 118
Porto Zoro ~ D12, 121
Potamós ○ D2, 117
Pródromos ○ F6, 119

R
Rachtades ○ C2, 116
Ratzaklí ○ D10, 121
Razáta ○ B9, 120
Rivio ○ F5, 119
Róda ○ D1, 117
Rómiri ○ C12, 120

S
Sagiada ○ F2, 117
Sámi ○ C9, 120
Sámi ★ C9, 120
Sappho-Klippen ★ C6, 118
Sarakíniko ∆ D8, 119
Sarandë ○ E1, 117
Sardinia ∆ F5, 119
Schule Homers ★ C7, 118
Sérekas ∞ E5, 119
Sgourades ○ D2, 117
Shengjergj ★ E1, 117
Shipwreck Bay ~ B11, 120
Sidári ○ C1, 116
Sídero ∆ D2, 117
Simonáta ○ C10, 120
Sinarades ○ D3, 117
Sinorí ○ B8, 118
Sívros ○ C6, 118
Skála ○ D10, 121
Skinári ∆ C11, 120
Skinariá ○ C11, 120
Skopiotissa ★ D12, 121
Skopós ▲ D12, 121
Skorpiós ∆ D6, 119
Skourtou ○ F6, 119
Skriperó ○ C2, 116
Sokráki ○ D2, 117
Spárti ∆ D6, 119
Spartiá ○ B10, 120
Spartochóri ○ D6, 119
Spartylas ○ D2, 117
Spileotíssas ★ C11, 120
Stános ○ F5, 119
Stavrós ○ C7, 118
Stenón Itháikis ~ C7, 118
Stenón Meganisioú ~ D6, 119
Stérna ▲ D5, 119
Strongilovoúni ○ F7, 119
Strongyli ○ D3, 117
Svoronáta ○ B10, 120

T
Taxiárchon ★ C8, 118
Temploni ○ D2, 117
Theotókou Átrou ★ D9, 121
Thirio ○ E5, 119
Thyamis P. ~ F3, 117
Thyrrheion ★ E5, 119
Touliata ○ C7, 118
Trifos ○ F5, 119
Troianáta ○ B9, 120
Troumpettas ○ C2, 116
Tsilivi ~ D11, 121
Tsoukaládes ○ C5, 118
Tzanáta ○ D9, 121

V
Vagalat ○ F2, 117
Valaneio ○ C2, 116
Valtio ○ F7, 119
Vanáto ○ D11, 121
Vardianoí ∆ A9, 120
Vartholomió ○ F11, 121
Varvaras ∆ E1, 117
Varypatades ○ D3, 117
Vasilikós ○ D12, 121
Vassilikás ○ D2, 117
Vassilikí ○ C6, 118
Vassilikiádes ○ C7, 118
Vassilópoulos ○ F6, 119
Vatatsas ∆ F3, 117
Vathí ○ D6, 119
Vathí ○ D8, 119
Vátos ○ D3, 117
Vátos ○ E5, 119
Velonades ○ C2, 116
Veloútsa ▲ F7, 119
Vídos ∆ D2, 117
Vitalades ○ E4, 117
Vlacháta ○ C9, 120
Vlichó ○ C8, 118
Vlizianá ○ F6, 119
Volímes ○ B11, 120
Vor. Steno Kerkyras ~ D2, 117
Voústri ○ D5, 119
Vrachiónas ∞ B11, 120
Vragkaniótika ○ D4, 117
Vrine ○ E2, 117
Vromónos ∆ E8, 119

X
Xarrë ○ E2, 117
Xenópoulo ○ D9, 121
Xi ~ A9, 120

Z
Zákynthos ○ D11, 121
Zákynthos ∆ B12, 120
Zervátа ○ C9, 120
Zóla ○ B8, 118

Zeichenerklärung
○   Orte
●   Kap, Insel
▲   Berg
∞   Landschaft
~   Gewässer, Strand
★   Sehenswürdigkeit

Orts- und Sachregister

Hier finden Sie alphabetisch aufgeführt alle in diesem Band beschriebenen Orte und Ziele, Routen und Touren. Bei einzelnen Sehenswürdigkeiten steht jeweils der dazugehörige Ort in Klammern, bei Hotels steht zusätzlich die Abkürzung H für Hotel.
Außerdem enthält das Register wichtige Stichworte sowie alle MERIAN-Tipps und Extras dieses Reiseführers. Wird ein Begriff mehrfach aufgeführt, verweist die **fett** gedruckte Zahl auf die Hauptnennung im Band.

A

Acharávi **34**, 80, 87
Acharavi Beach (H) Z15, **34**
Achilleion **36**, 88
Aetós-Bucht 97
Agía Ephimía 93
Agía Kiriakís 93
Agía Triáda 89
Agía Varvara 92
Ágias Mínas (Lefkáda-Stadt) 59
Ágias Vlassis 89
Agiofili 65
Ágios Andréas 91
Ágios Dionysíos (Zákynthos-Stadt) 72
Ágios Geórgios (Zákynthos-Stadt) 72
Ágios Geórgios **52**, 91
Ágios Gerásimos 52
Ágios Gordis (H) 15, **36**
Ágios Górdis 36
Ágios Ioánnis **59**, 97
Ágios Léon 94
Agios Nikitas (H) 15, **62**
Ágios Nikítas **62**, 96
Ágios Nikólaos (Lefkáda-Stadt) 59
Ágios Nikólaos **67**, 77
Ágios Nikólaos Skinarioú 95
Ágios Nikólaos tou Mólou (Zákynthos-Stadt) 72
Ágios Pétros 96
Ágios Sóstis 76
Ágios Stéfanos 39
Agrilion 57
Aktion 8
Alépou 89
Alikés (Korfu) 36
Alikés (Zákynthos) 74
Alte Festung (Korfu-Stadt, MERIAN-Tipp) 29, **31**
Alte Festung (Zákynthos-Stadt) 72
Alt-Períthia 41
Anafonítria 94
Anemómylos 90
Angelokastro 89
Angónas 93
Anógi 97
Anreise 100
Antípaxos 10, 66, **68**
Antisámi 57
Apartments Linardos (H, Ássos) 15, **54**
Apollo (H, Vassilikí) 15, **65**
Aqualand (Agios Ioánnis, MERIAN-Tipp) 83
Archäologisches Museum (Argostóli) 50
Archäologisches Museum (Korfu-Stadt) 33
Archäologisches Museum (Lefkáda-Stadt) 60
Archäologisches Museum (Stavrós) 47
Argássi **75**, 81
Argirádes 88
Argostóli **49**, 91, 92, 93
Arion (H, Korfu-Stadt) 15, **28**
Arkadion (H, Korfu-Stadt) 15, **28**
Ássos **54**, 93
Astron (H, Korfu-Stadt) 15, **28**
Atlantis (H, Korfu-Stadt) 15, **28**
Atros 56
Átrou 57
Auskunft 101
Autofahren 101, 108
Autorundfahrten 86, 88, 89, 91, 93, 94, 96, 97
Ávithos 92

B

Banana Beach 77
Barbáti **36**, 86
Bella Venezia (H, Korfu-Stadt) 15, **29**
Bella Vista (MERIAN-Tipp) 41
Benítzes **37**, 80, 88
Bevölkerung 101
Blaue Grotte **76**, 95
Bóchali 71
Botschaften 102
Britischer Friedhof (Zákynthos-Stadt) 73
Brücke (Argostóli) 50
Byzantinisches Museum (Korfu-Stadt) 29, **33**
Byzantinisches Museum (Lefkáda-Stadt) 60
Byzantinisches Museum (Zákynthos-Stadt) 72, **73**

C

Captain Yannis (H, Vathi) 15, **45**
Cavalieri (H, Korfu-Stadt) 15, **29**
Charamoglios-Bibliothek (Lefkáda-Stadt) 60
Chlomós 37
Chorepískopi 87
Chrysi Akti (H, Argássi) 15, **75**
Corfu Chandris (H, Dassiá) 15, **37**
Corfu Holiday Palace (H, Korfu-Stadt) 15, **29**
Corfu Palace (H, Korfu-Stadt) 15, **29**

D

Danáto 94
Daphníla 86
Dassiá **37**, 80, 86
Dassia Chandris (H) 15, **37**
Delfinia Hotels (H, Moraïtika) 40
Diana (H, Zákynthos-Stadt) 15, **71**
Diapontischen Inseln **37**, 80
Diplomatische Vertretungen 102
Drapáno 92
Drongaráti **54**, 92, 93

E

Egrimni **65**, 80
Einkaufen 102
Énos 8, **48**, 92
Entfernungstabelle 109
Erikoússa **37**, 80
Ermónes **38**, 80, 89
Ermones Beach (H) 15, **38**
Esplanade (Korfu-Stadt) 28, **30**
Essdolmetscher 22
Essen und Trinken 16
Éxo Chóra 94

F

Fährverbindungen 101
Familiäre Hotels 15
Fársa 93
Feiertage 104
Ferienhotels 15
Fernsehen 105
Feste 103
Filiatró **45**, 80
Fiskárdo **54**, 93

Orts- und Sachregister

FKK 105
Flughäfen 100
Flugverbindungen 100
Folklore-Museum
 (Lefkáda-Stadt) 60
Fotografieren 105
Frangáta 92
Fremdenverkehrszentrale
 101
Fríkes **46**, 97

G
Gáios 10, **67**
Galaxias (H, Gouviá) 15, **38**
Garitsa-Bucht 90
Geld 105
Geni 96
Gérakas 81
Geschichte 110
Getränke 16
Gidáki **45**, 80
Glifáda **38**, 69, 80, 89
Go-Kart 79
Golf 78
Golf von Argostóli 48
Gouviá **38**, 86
Grecotel Corfu Imperial
 (H, Gouviá) 15, **38**
Grotten (Lákka) 68

H
Herodots Pechquellen
 (Zákynthos, MERIAN-
 Tipp) 74
Höhle des hl. Gerásimos
 (Lássi) 55
Höhlen (Lákka) 68
Hotel Noslos (Ithaka,
 MERIAN-Tipp) **14**, 15
Hotels 12, **15**
Hotels mit Flair 15

I
Ikonen 102
Internet 106
Ionian Plaza (H, Argostóli)
 15, **49**
Ionian Princess (H, Acha-
 rávi) 15, **35**
Ionion (H, Korfu-Stadt)
 15, **29**
Ípsos **39**, 80, 86
Ithaka 6, 8, **44**, 80, 97

J
Jason (H, Ipsos) 15, **39**

K
Kaasiópi 87
Kalámi 39
Kaltsioníssi 67
Kampí 94
Kanóni (Korfu-Stadt) 30

Kanóni 90
Kap Doukáto 62
Kariá 63
Karoussádes 87
Kassiópi **39**, 80
Kástro 52
Katastári 95
Kathará **46**, 97
Káthisma 62, **81**, 96
Katoméri 63
Kávos **40**, 80, 88
Kephaloniá 6, 8, **48**, 80,
 91, 93
Kerí 76
Kiki (H, Fiskardo) 15, **55**
Kilioméno 94
Kinder 82
Kióni **46**, 97
Kirche des hl. Spiridon
 (Korfu-Stadt) 31
Kirche Jason und Sosi-
 pater (Korfu-Stadt) 30
Kíthira 6, 10
Kleidung 106
Klima 107
Kloster Agrilion 57
Kloster Átrou 57
Kloster des hl. Geórgios
 Krimnón 94
Kloster Kathará **47**, 97
Kloster Phaneroménis
 63, 96
Koméni 86
Koméno 38
Komforthotels 15
Komilió 96
Königsgräber (Nídri) 64
Königspalast (Korfu-Stadt)
 31
Kontokáli **40**, 86
Kontokali Bay (H) 15, **40**
Korfu 6, **26**, 79, 86, 88, 89
Korfu-Stadt **28**, 86, 88, 89,
 90
Korríssion-See 88
Kouloúra 39
Kyanoún-Höhle 76
Kythera 10

L
Laganás **76**, 81
Lákka 66, **68**
Lákones (MERIAN-Tipp)
 41, 89
Lássi **55**, 80
Lazaretto 45
Lefkáda 6, 8, **58**, 80, 96
Lefkáda-Stadt 59
Léfkas (H, Lefkáda-Stadt)
 15, **59**
Léfkas 6, **58**
Léfki 97
Lefkimi **26**, 88

Leihwagen 108
Lépada 56
Lesetipp 10
Leuchtturm (Argostóli) 50
Lixoúri **56**, 80
Lóngos 66, **69**
Louis Corcyra Beach
 (H, Gouviá) 15, **38**
Louis Kérkyra Golf Hotel
 (Alikés) 15, **36**
Lourdáta 91
Loutsá 80

M
Macherádo 94
Madoúri 64
Magaziá 68
Makrís Gialós 49, 55, 95
Mantzavináta 48
Marathonísi 74
Marilena (H, Pirgí) 43
Marine-Museum (Zákyn-
 thos-Stadt) 73
Markópoulos 92
Mathráki **37**, 80
Mäuseinsel 90
Meeresmühle (Argostóli)
 50
Meganíssi 63
Mégas Lákos 56
Melissáni **54**, 93
Melissáni-See 48, **56**
Menekrates-Grab (Korfu-
 Stadt) 32
Mentor (H, Vathí) 15, **45**
MERIAN-Lesetipp 10
Messongí 88
Messongí-Strand 40
Metaxáta 91
Mimosa (H, Sidári) 43
Mimoza (H, Argóssi) 15, **75**
Miramare Beach
 (H, Moraitika) 15, **40**
Mirtiótissa **40**, 80, 80
Mírtos **56**, 80
Mírtos Beach 93
Mitriótissa **40**, 80
Mitropolis-Kirche (Korfu-
 Stadt) 32
Mon Repos (Korfu-Stadt)
 32, 90
Mongonísi 67
Montreal (H, Alikés) 15, **74**
Moraitika **40**, 88
Mouíkis (H, Argostóli)
 15, **49**
Museum für Asiatische
 Kunst (Korfu-Stadt) 33

N
Nebenkosten 106
Nefeli (H, Agios Nikítas)
 15, **62**

Orts- und Sachregister

Neue Festung (Korfu-Stadt) 30, **32**
Nídri 58, **64**, 81, 96
Nidri Beach (H) 15, **64**
Nicholas (H, Fiskárdo) 15, **55**
Nirikos (H, Lefkáda-Stadt) 15, **59**
Nissáki **40**, 87
Nissáki Beach (H, Nissáki) 41
Nymphengrotte 47

O
Oasis (H, Kassiópi) 15, **39**
Obelisk (Argostóli) 50
Odysseus (H, Vathí) 15, **45**
Odyssey (H, Vathí) 15, **45**
Öffentliche Verkehrsmittel 108
Olga (H, Argostóli) 15, **50**
Othóni 37, **38**, 80
Ouzo 20

P
Paleokastritsa (H) 15, **41**
Paleokastritsa 26, **41**, 80, 89
Paleópolis 90
Panagía 67
Panagía Eleftherótria 94
Panagía Phaneroménis (Zákynthos-Stadt) 73
Panagía Vlachérna 90
Pantokrator (H, Barbáti) 15, **36**
Pantokrátor 26, **41**, 87
Pantokrátoras (Lefkáda-Stadt) 60
Papiergeld-Museum (Korfu-Stadt) 30, **33**
Paradise Beach (H, Argássi) 15, **75**
Páxos 6, 10, **66**, 81
Paxos Beach (H, Gaios) 15, **67**
Pefkoúlia **62**, 96
Pélekas 26, **42**, 89
Peloúzon 76
Perachóri 47
Pérama **42**, 88
Peratáta 91
Perivóli **42**, 88
Peroulades 43
Phaneroménis **63**, 96
Phoenix (H, Zákynthos-Stadt) 15, **71**
Phonographisches Museum (Lefkáda-Stadt) 60
Pinokothek (Korfu-Stadt) 33

Pirgí **42**, 86
Píso Aetós 97
Plános 77
Platís 55
Platís Gialós 49
Pónti **65**, 96
Pontikonísi 90
Póros (Kephaloniá) **56**, 92
Póros (Lefkáda) **65**, 96
Poros Bay (H) 15, **57**
Porto Katsíki **65**, 81
Porto Roma 77
Porto Zoro 77
Preisklassen (Hotels) 15
Preisklassen (Restaurants) 20
Preiswerte Hotels 15
Préveza 8

R
Radwandern 79
Rathausplatz (Korfu-Stadt) 30, **32**
Razáta 92
Reisedokumente 106
Reisezeit 106
Reiten 79
Róda **43**, 80, 87
Routen 84, 86, 88, 89, 90, 91, 93, 94, 96, 97
Rundfahrten 86, 88, 89, 91, 93, 94, 96, 97

S
Sámi **57**, 93
San Stefano (H, Benítzes) 15, **37**
Santa Maura (H, Lefkáda-Stadt) 15, **59**
Sarakinikó 45
Schiffsverbindungen 101, 109
Shell Museum (Benítzes) 37
Shipwreck Bay **81**, 95
Sidári **43**, 80, 87
Simonáta 91
Sinarádes 26
Sinori 93
Skála **57**, 80, 91
Skómbou 87
Skorpiós 64
Skriperó 87
Sólomos-Museum (Zákynthos-Stadt) 72, **73**
Spartochóri 63
Spezialitäten 18
Sport 78
Sprachführer 112
Stadthotels 15
Städtische Galerie (Korfu-Stadt) 33

Stavrós **47**, 97
Strada Marina (H, Zákynthos-Stadt) 15, **71**
Strände 78, **79**
Strandhotels 15
Strani-Hügel 73
Strom 107
Sunset (H, Alikés) 15, **36**

T
Taxis 108
Telefon 107
Tiere 107
Touren 84, 86, 88, 89, 90, 91, 93, 94, 96, 97
Touristenpolizei 107
Tropfsteinhöhle (Drongaráti) **54**, 93
Troumbéttas **26**, 87
Tsiliví 77

U/V
Unterkünfte 12, **15**
Vasilikós **77**, 81
Vassiliká 89
Vassilikí **65**, 96
Vathí **45**, 97
Verkehrsverbindungen 108
Vitaládes 80
Vlacháta 91
Vogelperspektive (Korfu-Stadt, MERIAN-Tipp) 29
Volímes **77**, 95
Volkskunde- und Geschichtsmuseum (Argostóli) 50
Volkskundemuseum (Kariá) 63
Volkskundesammlung (Lixoúri) 56
Vrachíonas 70
Vragkaniótika 88

W
Wandern 79
Wanderung 90
Weine 20
White Rocks (H, Lassi) 15, **55**
Wirtschaft 109

Z
Zákynthos 6, 7, **70**, 94
Zákynthos-Stadt **71**, 81, 94
Zante Park (H, Laganás) 15, **76**
Zeitverschiebung 109
Zoll 109
Zweiräder 108

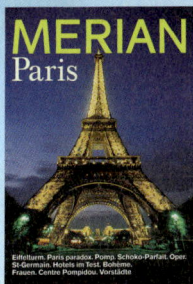

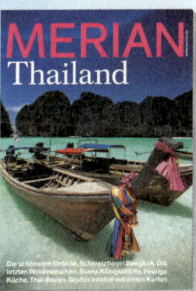

Mit MERIAN auf Reisen

MERIAN ist das Synonym für Reisen und Kultur auf höchstem Niveau. Mit dem monatlich erscheinenden Magazin MERIAN erleben Sie einzigartige Bilder und packende Reportagen. Jede Ausgabe enthält außerdem einen umfangreichen Serviceteil.

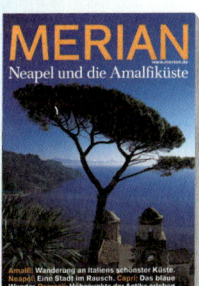
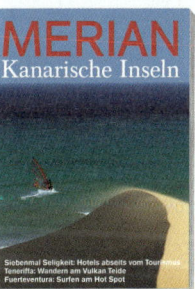
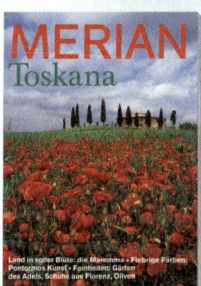

Ihren MERIAN Wunschtitel finden Sie im gut sortierten Buch- und Zeitschriftenhandel.

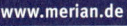
www.merian.de

MERIAN
Die Lust am Reisen

IMPRESSUM

Liebe Leserinnen und Leser,

wir freuen uns, Ihre Meinung zu diesem Reiseführer zu erfahren. Bitte schreiben Sie uns, wenn Sie Berichtigungen und Ergänzungsvorschläge haben oder Ihnen etwas besonders gut gefällt.

Gräfe und Unzer Verlag, Reiseredaktion, Postfach 86 03 66, 81630 München
E-Mail: merian-live@graefe-und-unzer.de

Alle Angaben in diesem Reiseführer sind gewissenhaft geprüft. Preise, Öffnungszeiten usw. können sich aber schnell ändern. Für eventuelle Fehler übernimmt der Verlag keine Haftung.

Verlags-/Programmleitung:
Verónica Reisenegger
Text-/Bildredaktion:
Manfred Viglahn
Kartenredaktion:
Reinhard Piontkowski

Bei Interesse an Karten aus MERIAN-Reiseführern schreiben Sie bitte an:
E-Mail: geomatics@ipublish.de

Gestaltung: Ludwig Kaiser
Karten: MERIAN-Kartographie
Produktion: Maike Harmeier
Satz: Filmsatz Schröter, München
Druck und Bindung: Appl, Wemding

Fotos:
Alle Fotos von M. Pasdzior außer
G. Jung 9 o; U. Sommerfeld 66

Gedruckt auf Primabulk
von Papier Union.

© Gräfe und Unzer Verlag GmbH, München 2003

Alle Rechte vorbehalten. Nachdruck, auch auszugsweise, sowie die Verbreitung durch Film, Funk, Fernsehen und Internet, durch fotomechanische Wiedergabe, Tonträger und Datenverarbeitungssysteme jeglicher Art nur mit schriftlicher Genehmigung des Verlages.

ISBN 3-7742-5973-9

10 9 8 7 6 5 4 3

MERIAN *scout*
Die Navigations-CD
plus Reiseführer für Ihr Auto

Ihre MERIAN scout Serviceline
Tel.: + 49 / (0) 180 532 533 5
Fax: + 49 / (0) 180 532 533 0
oder unter www.merianscout.de

Ein Unternehmen der
GANSKE VERLAGSGRUPPE